KB115710

콘셉트는 창의적이고 유용하며 실용적인 사려 깊은 아이디어이다.
Concepts are thoughtful ideas that are creative, useful, and practical.

최알버트영
ALBERT YOUNG CHOI

Design Conceptor

How to Develop Creative Concepts for Problem Solving

디자인 콘셉토: 문제해결을 위한 창의적 콘셉트 개발 방법
Design Conceptor: How to Develop Creative Concepts for Problem Solving

발행일 2024년 6월 6일

지은이 최 알버트 영
펴낸이 손형국
펴낸곳 (주)북랩
편집인 선일영
편집 최 알버트 영
디자인 최 알버트 영
제작 박기성, 구성우, 이창영, 배상진
마케팅 김회란, 박진관
출판등록 2004. 12. 1(제2012-000051호)
주소 서울특별시 금천구 가산디지털 1로 168, 우림라이온스밸리 B동 B113~115호, C동 B101호
홈페이지 www.book.co.kr
전화번호 (02)2026-5777 팩스 (02)3159-9637

ISBN 979-11-7224-173-5 93650 (종이책) 979-11-7224-174-2 95650 (전자책)

이 출판물은 한양대학교 교내연구지원 사업으로 연구됨(HY-2023-1670)
The work was supported by the research fund of Hanyang University. (HY-2023-1670)

커버이미지: <생각하다>, 2024, 디지털 이미지
Cover image: *SangGakHada*, 2024, Digital Image
서체_ AC Young, Helvetica Neue, Minion Variable Concept, Sandoll GothicNeo2, Sandoll MyeongjoNeo1

디자인 콘셉토

문제해결을 위한 창의적 콘셉트 개발 방법

최알버트영
ALBERT YOUNG CHOI

단어"콘셉토"Conceptor는 'Concept'와 '-or'를 합친 합성어다. 단어 'Concept'은 '새로운 아이디어'라는 의미를 갖고 있어 단어 'or'를 붙여 '새로운 아이디어를 창안하는 기구'의 뜻인 'Conceptor'라는 명사를 만들었다. 만약 명칭을 콘셉터 'Concepter'이라고 한다면 단어의 의미는 '새로운 아이디어를 창안하는 제작자(관계자)'이다. 'Conceptor'와 'Concepter'의 차이점은 바로 '-or'과 '-er'의 차이점에 있다. "콘셉토"는 제작자가 아니라 콘셉트를 쉽게 창안할 수 있는 모델이자 도구이다.

Conceptor is a compound word combining concept and -or. The word 'Concept' means 'new idea', so the word 'or' was added to create the noun 'Conceptor', which means 'an organization that creates new ideas'. If the name is 'Concepter', it means 'producer (participant) who creates new ideas.' The difference between 'Conceptor' and 'Concepter' lies in the difference between '-or' and '-er'. "Conceptor" is a model and tool that allows create concepts easily.

■ 차례
Contents

자신의 두뇌를 최대한 활용하고 싶은 모든 사람들을 위해

For everyone who wants to make the most of their brain

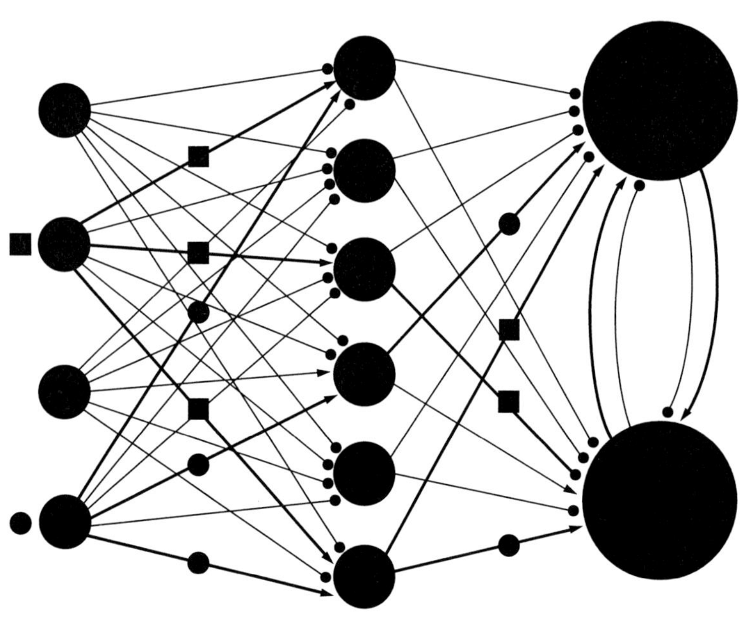

Design Conceptor Model
Refer to pp. 110-139

디자인 콘셉토 모형
pp. 110~139 참조

머리글

콘셉트는 문제해결 과정에서 핵심적인 역할을 수행한다. 콘셉트는 문제해결의 보이지 않는 중요한 요소로서 문제해결의 결과물인 형태를 형성하고 메시지를 전달한다. 본 책의 목적은 문제해결 교육 과정에서 필요한 체계적인 콘셉트 개발 방법과 논리적인 사고를 키우는 교육 방법을 추구하여, 논리적이고 언어적인 사고가 부족한 학생들에게 논리와 언어를 작위적으로 활용할 수 있는 방법을 제안하는 것이다.

본 책의 진행은 우선 콘셉트의 개념을 정립하기 위해 콘셉트의 어원과 콘셉트의 분류 및 특징을 알아보았으며, 특히 창의적인 콘셉트의 기본요소인 지식을 버른즈Brynes의 구분법을 통해 고찰하였고, 지식을 아이디어로서 개발하는 방법으로는 워라스Wallas의 창의적 과정을 설명하였다. 또한 길포드Guilford의 창의성 연구와 캐롤Caroll의 의사결정을 사례를 통해서 응용하고 분석함으로써 문제해결에 필요한 콘셉트 사고체계를 도출하였다. 콘셉트는 인간의 뇌에서 만들어지며, 이러한 관점을 인지과학 논의 중에 하나인 다층 퍼셉트론에 적용하여 효율적인 콘셉트 개발 모델을 제안하였다. 이로 인해 저자가 개발한‘다층 퍼셉트론에 의한 콘셉트 개발 방법론’의 명칭을 “디자인 콘셉토”Design Conceptor라고 명명하였다. “디자인 콘셉토”는 ‘콘셉트를 쉽게 창안하게 도와주는 모델이자 도구’라는 것을 의미하는 개념이다. 콘셉트 개발에서 “디자인 콘셉토”의 중요성을 첫째, 의식적인 방법으로 콘셉트를 창안할 수 있다, 둘째, 확산사고와 수렴사고를 의식적으로 유도할 수 있다, 셋째, 체계적인 콘셉트 개발을 할 수 있다고 인식하였다. 이는 다른 아이디어 창안 기법이나 문제해결 기법과는 다른 방법론이다. 또한 콘셉트 발상기법인 “디자인 콘셉토”는 21세기형 기획 능력인 ① 개념력_이상을 구상할 수 있는 능력, ② 정보 수집력_정보를 활용할 수 있는 능력, ③ 창조력_아이디어를 발상할 수 있는 능력, ④ 구성력_해결책을 구상할 수 있는 능력, ⑤ 실현력_해결책을 실천할 수 있는 능력 등을 높여 줄 수 있다.

독특한 아이디어를 원하는 21세기의 정보지식사회에서 저자가 개발한 다층 퍼셉트론에 의한 콘셉트 개발 방법론인 “디자인 콘셉토”는 앞으로 문제해결에 필요한 콘셉트를 쉽게 구상하는 방법으로, 다른 방법과 동일하게 콘셉트 개발 도구로서 사용가능하다. “디자인 콘셉토”는 현재 문제해결 교육에 응용되고 있으며, 교육 이후 학생들의 논리적 사고를 향상 시키는 결과를 보여주었다.

The problem-solving process is closely connected with concepts. A concept, while invisible, plays a crucial role in shaping the outcome of problem-solving and communicating a message. This book introduces a systematic method for concept development and an educational approach that promotes logical thinking, which is essential for problem-solving education. It also presents a method for students to navigate logical and verbal thinking better, empowering them to use logic and language more effectively.

The book comprehensively introduces the concept, delving into its etymology, classification, and characteristics. It thoroughly explores knowledge, the cornerstone of a creative concept, using Brynes' classification method and defining knowledge as an idea. Additionally, it elucidates Wallas' creative process as a development method. Furthermore, Guilford's creativity research and Caroll's decision-making are applied and analyzed through examples to derive a conceptual thinking system essential for problem-solving. The creation of concepts originates in the human brain. A robust model for developing concepts is proposed by applying this perspective to the multi-layer perceptron, a topic frequently discussed in cognitive science. The author coined the methodology 'Design Conceptor.' 'Design Conceptor' is a model and tool that streamlines the creation of concepts. The significance of concepts in concept development was acknowledged as follows: First, concepts can be consciously created. Second, divergent and convergent thinking can be consciously induced. Third, systematic concept development can be executed. This methodology stands apart from other idea-generation or problem-solving techniques.

The 'Design Conceptor' is a concept ideation technique rooted in 21st-century planning skills: 1. Conceptual ability - the ability to envision an ideal; 2. Information collection ability - the ability to utilize information; 3. Creativity - the ability to come up with an idea; 4. Compositional ability - the ability to conceive a solution; and 5. Realization - the ability to put solutions into practice. 'Design Conceptor' is a theoretical and practical methodology based on the multi-layer perceptron. This method allows for the easy conception of concepts required to solve future problems and can be used as a concept development tool alongside other methods. 'Design Conceptor' is actively applied to problem-solving education and has demonstrated tangible results in improving students' logical thinking after training.

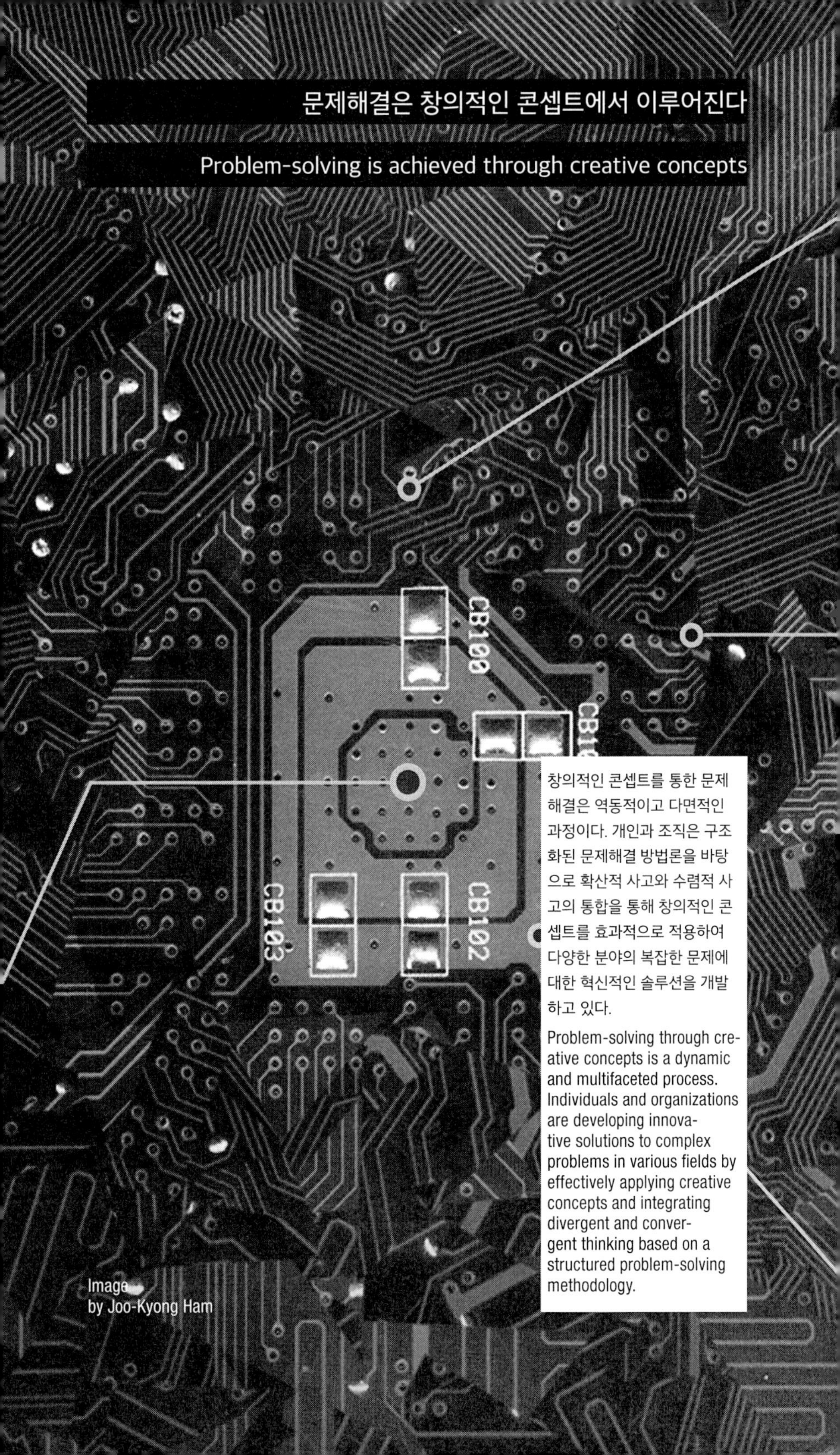

문제해결은 창의적인 콘셉트에서 이루어진다

Problem-solving is achieved through creative concepts

창의적인 콘셉트를 통한 문제해결은 역동적이고 다면적인 과정이다. 개인과 조직은 구조화된 문제해결 방법론을 바탕으로 확산적 사고와 수렴적 사고의 통합을 통해 창의적인 콘셉트를 효과적으로 적용하여 다양한 분야의 복잡한 문제에 대한 혁신적인 솔루션을 개발하고 있다.

Problem-solving through creative concepts is a dynamic and multifaceted process. Individuals and organizations are developing innovative solutions to complex problems in various fields by effectively applying creative concepts and integrating divergent and convergent thinking based on a structured problem-solving methodology.

Image
by Joo-Kyong Ham

The Role of Creative Concepts in Problem-solving

Problem-solving in design and other fields is closely linked to creating and applying creative concepts. Here, creativity refers to developing new and valuable ideas or solutions. Problem-solving through creative concepts includes the steps of problem identification, ideation, prototyping, and utilization. Each step requires different types of creative thinking and skills, which can significantly impact the quality and efficiency of the solution created.

The initial and most crucial step in problem-solving is identifying and defining the problem. This involves thoroughly understanding the context and limitations related to the problem. Creative thinkers often use brainstorming, mind mapping, and empathy mapping techniques to examine problems from various perspectives and uncover underlying issues that may not be immediately obvious. By creatively defining problems, designers can address the right questions and lay the groundwork for innovative solutions.

Ideation is at the core of the creative process. The main objective is to produce as many ideas as possible without immediate judgment or constraints. Techniques like divergent, lateral, and associative thinking broaden the range of potential solutions. This phase focuses on generating a large quantity and diversity of ideas, which can then be refined and combined into more robust concepts.

After generating a pool of ideas, the next step is to create prototypes. Prototyping plays a pivotal role in evaluating and improving ideas. It allows for the tangible representation of ideas, making them easier to evaluate and iterate upon. This stage often involves trial and error, where creative concepts are tested, modified, and improved. Techniques such as rapid prototyping, sketching, and modeling are crucial here, enabling designers to explore the practical aspects of their ideas and anticipate potential challenges and opportunities.

The last step involves choosing the most promising solutions and putting them into action. This requires not only creative thinking but also strategic planning and execution. Effective implementation often depends on anticipating potential obstacles and adapting solutions dynamically. It involves detailed planning, resource allocation, and, most importantly, continuous feedback loops to ensure that the creative solutions remain practical and relevant as they are scaled and adapted to real-world conditions.

디자인 및 여러 분야의 문제해결은 창의적인 콘셉트를 만들고 적용하는 것과 밀접하게 연결되어 있다. 여기서 창의성이란 새롭고 가치 있는 아이디어나 솔루션을 개발하는 것을 의미한다. 창의적 콘셉트를 통한 문제해결은 문제식별, 아이디어화, 프로토타이핑, 활용의 단계로 구성된다. 각 단계에는 다양한 유형의 창의적인 사고와 기술이 필요하며, 이는 생성된 솔루션의 품질과 효율성에 큰 영향을 미칠 수 있다.

문제해결의 초기이자 가장 중요한 단계는 문제를 식별하고 정의하는 것이다. 여기에는 문제와 관련된 맥락과 제한 사항을 철저히 이해하는 것이 포함된다. 창의적인 디자이너는 브레인스토밍, 마인드 매핑, 공감 매핑 기술을 사용하여 다양한 관점에서 문제를 조사하고 명확하지 않은 근본적인 문제를 찾아내는 경우가 많다. 문제를 창의적으로 정의함으로써 디자이너는 올바른 질문을 해결하고 혁신적인 솔루션을 위한 토대를 마련할 수 있다.

아이디어는 창작 과정의 핵심이다. 주요 목표는 즉각적인 판단이나 제약 없이 가능한 한 많은 아이디어를 생산하는 것이다. 확산적, 수평적, 연관적 사고와 같은 기술은 잠재적인 솔루션의 범위를 넓힌다. 이 단계에서는 대량의 다양한 아이디어를 생성하는 데 중점을 두고 있으며, 이를 구체화하여 보다 강력한 개념으로 결합할 수 있다.

아이디어 풀을 생성한 후 다음 단계는 프로토타입을 만드는 것이다. 프로토타이프는 아이디어를 평가하고 개선하는 데 중추적인 역할을 한다. 이를 통해 아이디어를 유형적으로 표현할 수 있으므로 평가하고 반복하기가 더 쉬워진다. 이 단계에는 창의적인 개념을 테스트하고, 수정하고, 개선하는 시행착오가 포함되는 경우가 많다. 여기서는 신속한 프로토타이핑, 스케치, 모델링과 같은 기술이 매우 중요하다. 이를 통해 디자이너는 아이디어의 실용적인 측면을 탐색하고 잠재적인 과제와 기회를 예측할 수 있다.

마지막 단계는 가장 유망한 솔루션을 선택하고 이를 실행하는 것이다. 이를 위해서는 창의적인 사고뿐만 아니라 전략적 계획과 실행도 필요하다. 효과적인 구현은 잠재적인 장애물을 예측하고 솔루션을 동적으로 적용하는 데 달려 있는 경우가 많다. 여기에는 세부적인 계획, 리소스 할당, 가장 중요한 지속적인 피드백 루프가 포함되어 창의적인 솔루션이 실제 조건에 맞게 확장되고 조정될 때 실용적이고 관련성을 유지하도록 보장한다.

Form Follows Function

To develop a compelling concept, it is crucial to understand what design entails. Design is the process of creating form and conveying a message through that form. The resulting form shapes the design itself. Renowned visual psychologist Rudolf Arheim, known for his Gestalt theory, argued that shapes can be semantically analyzed. He pointed out that the visual characteristics of forms are crucial for symbolically recognizing the human condition. Visual judgment ability, a key design characteristic, allows for creating distinct design outcomes and facilitates conveying messages or concepts.

The Latin word "forma," from which "form" originates, means appearance, significance, or representation. Appearance and representation are similar concepts. A representation of a shape is created based on its appearance. Conversely, the appearance of a shape can be inferred by recognizing the characteristics that define the representation. Furthermore, significance is closely linked to appearance or representation. The significance of the concept is its appearance. Therefore, the design must embody beauty and significance, and the design's message must convey the significance of the form. Recipients recognize shapes by seeing them, so the relationship between form and concept is crucial when analyzing a design. When the relationship between form and message accurately communicates the intended message, we say, 'form follows function.' In this case, analyzing the form of the message and function is a priority. Research into the message conveyed by form begins with concept development, which is the initial design stage and plays a significant role in determining the design direction. Therefore, the message is more important than the choice of medium or the budget cost of the work. Consequently, in the concept development stage, we invest the most time and energy in the design process.

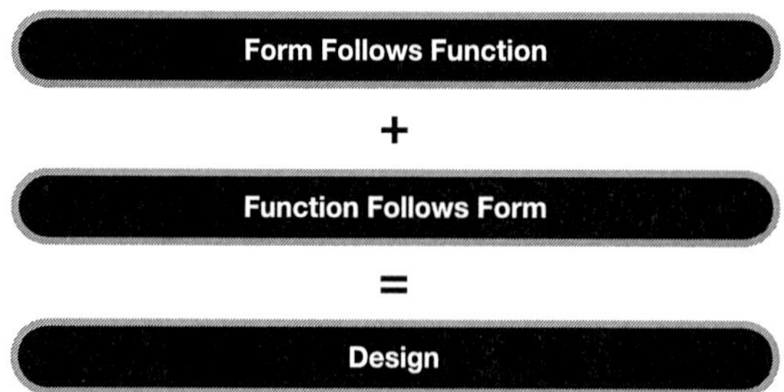

효과적인 콘셉트 개발을 위해서는 먼저 디자인은 무엇인지에 대해 인식하여야 한다. 디자인은 형태를 만드는 작업이고 형태를 통하여 메시지를 전달한다. 디자인 결과물인 형태는 디자인을 만든다. 게슈탈트이론으로 유명한 시각심리학자 루돌프 아르하임은 형태를 의미론적으로 분석할 수 있다고 주장하였다. 따라서 그는 형태의 시각적인 특성이 인간의 조건을 상징적으로 인식할 수 있는 매우 좋은 조건이라고 지적하였다. 디자인이라는 형태는 시각적인 특징을 지닌다는 조건이 있다. 이러한 특징을 시각판단능력이라고 하며, 시각판단능력으로 인하여 우리는 차별화된 디자인 결과물을 만들 수 있는 것이다. 이러한 중요한 시각적 특성으로 인하여 메시지인 콘셉트를 전달할 수 있다.

형태의 어원인 라틴어 포마는 외형, 의미, 이미지라는 의미를 지닌다. 외형과 이미지는 유사한 개념이다. 외형의 조건으로 인해 형태의 이미지가 형성된다. 반대로 이미지를 분류하는 특성을 인식함으로서 형태의 외형을 짐작할 수 있다. 그리고 의미는 외형이나 이미지와 밀접한 관계를 가지고 있다. 콘셉트에 의해 좌우되는 의미는 외형이라고 가정할 수 있다. 그러므로 디자인은 미와 의미를 보유해야 하고, 디자인의 메시지는 형태가 보유하는 의미를 전달해야 하는 것이다. 수용자들은 형태를 보고 인식하려고 한다. 그러므로 디자인을 분석할 경우 먼저 형태와 콘셉트의 관계에 대한 분석이 우선된다. 형태와 메시지의 관계가 동일하여 명료한 소통이 이루어지는 경우, 우리는'형태가 기능을 따른다'form follows function라고 말한다. 이런 경우 메시지와 기능에 의한 형태의 분석이 우선된다. 형태가 전달하는 메시지에 대한 연구는 디자인의 기본 단계인 콘셉트 개발에서부터 시작되며, 디자인 방향을 좌우하는 역할을 담당한다. 그러므로 메시지는 매체의 선택이나 작업 예산 비용보다 훨씬 더 중요하다. 그래서 디자인 과정 중에서 제일 많은 시간과 에너지를 투자하는 단계가 바로 콘셉트 개발 단계이다.

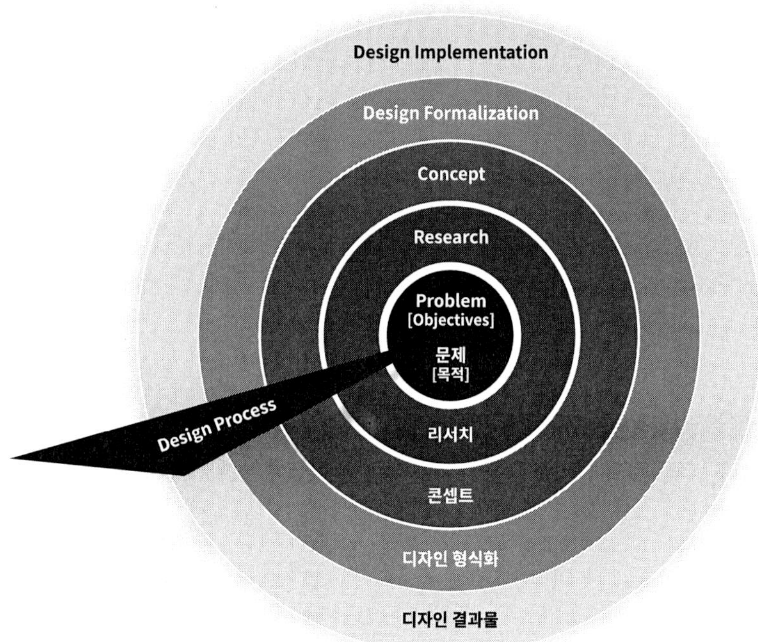
Design Implementation
Design Formalization
Concept
Research
Problem
[Objectives]
문제
[목적]
리서치
콘셉트
디자인 형식화
디자인 결과물
Design Process

디자인 이론가인 빅터 파파넥은 디자인을 "의식적이고 직감적인 노력으로 의미 있는 규칙을 만드는 것"이라고 정의하였다. 그가 말하는 '의식적이고 직감적인 노력'은 디자인 프로세스라고 하는데, 이는 즉흥적이고 단계적인 과정에 속한다. 또한'의미 있는 규칙'은 디자인이라고 인식할 수 있다.

디자인 프로세스는 디자인 결과물의 효율성을 좌우한다. 의식적인 노력은 전문적인 디자인 교육에 의해 가능한 데에 비해, 직감적인 노력은 디자인 경험이나 생활 경험에 의한 지식으로 가능하다. 그러므로 충분한 디자인 교육과 풍부한 디자인 경험은 효율성이 높은 디자인 결과물을 만든다고 할 수 있다.

의미 있는 규칙인 디자인은 인간의 조건을 명백히 표현할 수 있다. 의미 없는 규칙은 디자인으로서 효력이 없는 대상이 되는 것이다. 의미 있는 규칙, 즉 디자인을 창조하기 위해서는 경험과 지식이 풍부한 디자이너가 디자인 프로세스를 수행하여 메시지를 전달하여야 한다. 그러므로 디자인 프로세스 단계에서 콘셉트를 기준으로 형태와 메시지의 관계를 연구하는 것은 매우 중요하다.

Victor Papanek's Definition of Design

Design theorist Victor Papanek defined design as "the creation of meaningful rules through conscious, intuitive effort." The "conscious and intuitive effort" he refers to is the design process, an improvisational, step-by-step approach. Furthermore, "meaningful rules" can be understood as design.

The design process significantly impacts the efficiency of design results. Professional design education allows for conscious efforts, while knowledge gained from design experience or life experience enables intuitive efforts. Therefore, ample design education and extensive design experience lead to highly efficient design results.

Design, as a meaningful rule, can clearly express the human condition. Meaningless rules are ineffective as designs. In order to create a meaningful rule, that is, a design, an experienced and knowledgeable designer must carry out the design process and convey the message. Therefore, it is essential to study the relationship between form and message based on the design process concept.

Design as Sign

The American dictionary of 'advertising and direct mail terms' defines a concept as an idea that has not been implemented and must be applied to obtain applicable results. The specific results will vary depending on the task at hand. Businesses create plans to pursue ideas that will increase revenue, while authors convey their ideas through novels, and musicians and composers convey music through instruments. In the case of design, the applicable result is a creative product, which must have a concept.

In advertising theory, a concept is showing something from a new perspective. Fresh concepts provide new visual experiences to viewers and evoke emotions. Creating this new perspective takes work, so the concept allows us to explore various ideas and choose the one that can solve the problem. As a result, the external appearance and durability of the form express the style and describe the design's beauty, determining the direction of style and beauty based on the design concept.

Design is a visual object defined and used to express a particular concept. Therefore, design functions as a sign. In other words, design represents various signs, such as those of society, culture, wealth, history, and country. Charles Pierce defined a sign as "something which stands to somebody for something in some respect or capacity." Here, 'something' refers to design, the 'relationship or ability of something' is a design characteristic, and 'to whom' refers to the recipient. 'To express' is the message that the design conveys. Therefore, the message described above can be communicated in a form created based on the concept.

미국의 '광고와 다이렉트 메일 용어'사전에서는 '콘셉트는 실행하지 않은 아이디어로서 응용 가능한 결과물에 적용해야 한다'고 단정하였다. 사실 직업에 따라 응용 가능한 결과물은 다르기 마련이다. 비즈니스는 수입을 확대하기 위한 아이디어를 추구할 목적으로 기획서라는 결과물을 작성한다. 작가는 소설을 통해 자신의 아이디어를 전달한다. 음악가와 작곡가는 악기를 통해 음악을 전달한다. 그렇다면 디자인의 경우에서 응용 가능한 결과물은 창의적 산물이고, 이것은 필연적으로 콘셉트를 보유해야 한다.

광고론에서는 '콘셉트는 무엇을 새로운 시각으로 보여 주어야 한다'라고 정의한다. 신선한 콘셉트는 수용자들에게 새로운 시각 경험을 선사하고 그들의 마음을 움직인다. 이런 새로운 시각은 쉽게 만들어지지 않는다. 그러므로 콘셉트는 여러 가능한 아이디어를 연구하고 그 중에서 문제를 해결할 수 있는 아이디어를 선택하게 한다. 따라서 형태의 내구력을 지닌 외형은 디자인의 스타일을 표현하고 디자인의 미를 묘사한다. 그리고 형태의 유용성을 지닌 의미는 디자인의 콘셉트에 의해 스타일과 미의 방향을 결정한다. 디자인은 일정한 콘셉트를 나타내기 위하여 따로 규정하여 활용하는 시각물이다. 그러므로 디자인은 부호의 성격을 지닌다. 즉 디자인은 사회의 부호, 문화의 부호, 부의 부호, 역사의 부호, 나라의 부호 등등 다양한 부호들을 보유하고 있다. 찰스 피얼스는 부호를 "어느 무엇이 무엇의 관계나 능력을 누구에게 표현하기 위한 것이다"something which stands to somebody for something in some respect or capacity 라고 정의하였다. 여기서 말하는 '어느 무엇'은 디자인이고, '무엇의 관계나 능력'은 디자인의 특성이며, '누구에게'는 수용자를 의미한다. '표현하기 위한 것'이란 디자인이 전달하는 메시지이다. 그래서 위에서 정의한 메시지는 콘셉트를 바탕으로 제작한 형태로 전달할 수 있다.

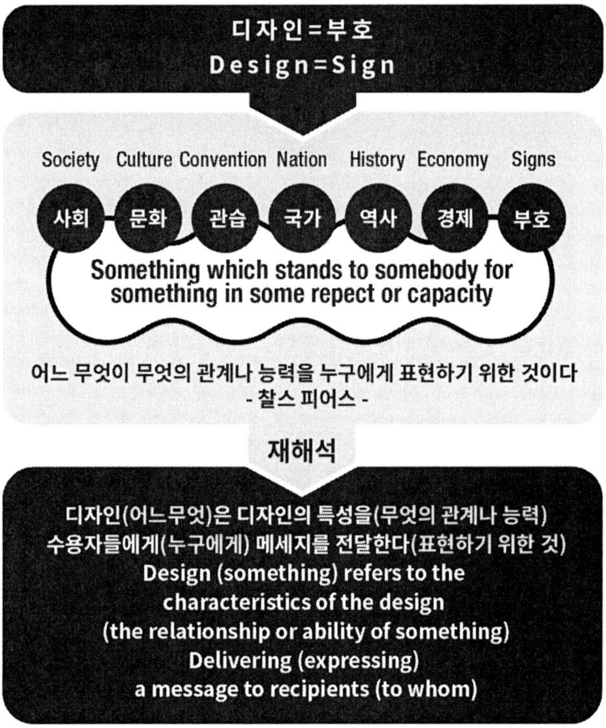

디자인=부호
Design=Sign

Society Culture Convention Nation History Economy Signs

사회 문화 관습 국가 역사 경제 부호

Something which stands to somebody for something in some repect or capacity

어느 무엇이 무엇의 관계나 능력을 누구에게 표현하기 위한 것이다
- 찰스 피어스 -

재해석

디자인(어느무엇)은 디자인의 특성을(무엇의 관계나 능력)
수용자들에게(누구에게) 메세지를 전달한다(표현하기 위한 것)
Design (something) refers to the
characteristics of the design
(the relationship or ability of something)
Delivering (expressing)
a message to recipients (to whom)

이런 부호적인 역할을 하는 디자인은 디자이너가 추구하는 결과물이며, 창의적인 디자이너야 말로 수용자들을 움직이는 창의적 산물을 만들 수 있다. 디자이너 등 창의적인 사람들은 이해력이 뛰어나고, 일에 몰두하고, 자유롭고, 독창적인 것을 추구하며, 사고의 유형성을 보여주는 특징을 소유한다. 이러한 특성들은 창의적인 디자이너의 덕목이기도 하다. 창의적인 디자이너는 독창적인 아이디어를 추구하기 위해, 문제에 대해 충분히 이해하고 자유로운 분위기와 환경 속에서 일에 몰두해야 하며 새로운 아이디어를 창안하는 데에 편견을 갖지 말아야 한다.

Designs that serve this symbolic function are the outcomes sought after by designers. Only creative designers can produce innovative products that resonate with audiences. Creative individuals such as designers possess a deep understanding, immersion in their work, freedom, a pursuit of originality, and a tangible thought process. These traits are also the virtues of a creative designer. To pursue original ideas, creative designers must thoroughly comprehend the problem, dedicate themselves to work in a free and unbiased environment, and be open to creating new ideas.

콘셉트의 사전적 어원은 라틴어인 '콘셉터스'Conceptus, 즉 '생각을 수집하고 모은다'a collecting and gathering thoughts는 의미에서 기원한다. 이러한 콘셉트의 기본적이고 사전적 의미를 디자인에 적용한다면, 디자인 콘셉트는 '여러 아이디어를 수집하고 모은다'는 의미로 해석된다. 그러나 디자인의 콘셉트는 디자인에 대한 문제를 인식하고 다양한 방법을 사용하여 하나의 뚜렷한 문제 해결 방향을 제시하기 때문에, 다양한 아이디어를 수집하는 것이 곧 효과적인 콘셉트 개발과 일치할 수는 없다.

"concept" comes from the Latin word 'Conceptus,' which means 'collecting and gathering thoughts.' When we apply this meaning to design, a design concept is understood as 'collecting and putting together various ideas.' However, gathering ideas only sometimes leads to a practical concept, as a design concept should identify a problem and provide a clear direction for solving it using various methods.

콘셉트는 누구나 창안할 수 있다.
누구나 생각하는 능력이 있고 문제해결
능력을 보유하고 있기 때문이다.
이는 인간과 동물의 다른 점이기도 하다.
그러나 그 용도와 효과에 따라
창의적인 콘셉트와 비창의적인 콘셉트로
나눌 수 있다.

Anyone can create a concept because everyone can think and solve problems. This ability is a crucial difference between humans and animals. However, the value of a concept depends on its use and impact, distinguishing between creative and sensible concepts.

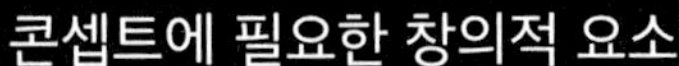

콘셉트에 필요한 창의적 요소

Creative elements needed for the concept

문제해결자들은 효과적인 콘셉트 제안을 위해 낙서적인 스케치 수단, 브레인스토밍, 마인드맵과 같은 직관적 속성을 띤 방법을 많이 사용한다. 그러나 이런 콘셉트 방법은 시간이 많이 소모되는 단점이 있다. 이 경우, 문제해결자들은 통사적 체계성이 결여된 비언어적인 사고와 직관적 지식을 활용한다고 할 수 있다. 그러나 본질상 결과물은 감성적인 측면도 고려함과 동시에, 합목적성과 기능성을 포괄하는 논리적 특징을 갖고 있기 때문에, 콘셉트 개발과정에서 논리적이며 언어적인 사고체계를 유도하는 방법을 최대한 활용해야 한다.

Problem solvers often use intuitive methods like doodling, sketching, brainstorming, and mind mapping to generate practical ideas. However, this approach can take time and effort. In this case, problem solvers rely on nonverbal and intuitive thinking, which needs a more systematic structure. To overcome this, it's important to incorporate methods that promote logical and linguistic thinking during the concept development process. This will ensure that the resulting concepts are logical, purposeful, functional, and also consider emotional aspects.

Image
by Albert Young Choi

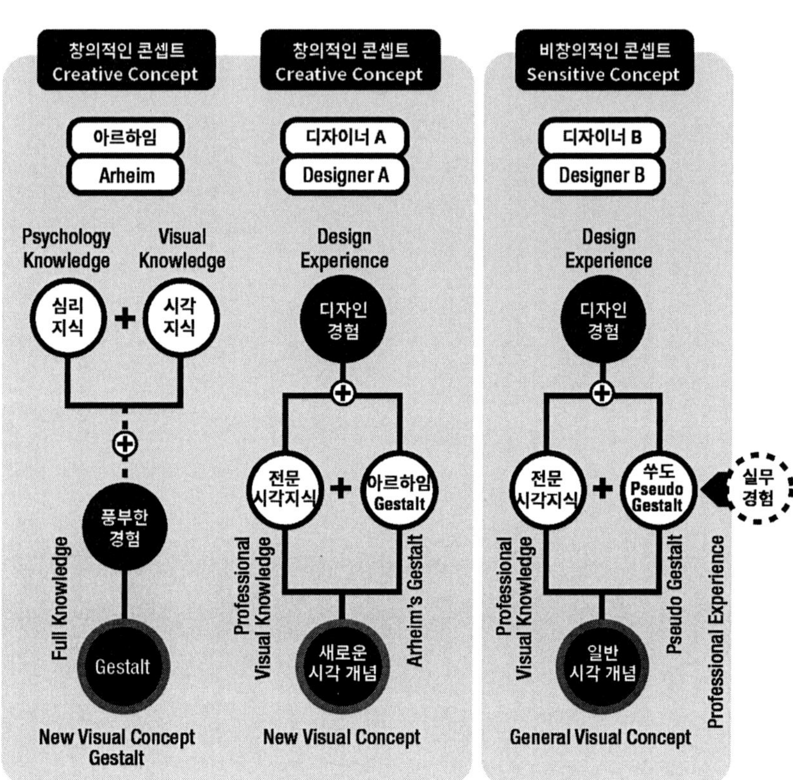

창의적인 콘셉트
Creative Concept
아르하임
Arheim
Psychology Knowledge
Visual Knowledge
심리 지식
시각 지식
풍부한 경험
Full Knowledge
Gestalt
New Visual Concept Gestalt
창의적인 콘셉트
Creative Concept
디자이너 A
Designer A
Design Experience
디자인 경험
전문 시각지식
아르하임 Gestalt
Professional Visual Knowledge
Arheim's Gestalt
새로운 시각 개념
New Visual Concept
비창의적인 콘셉트
Sensitive Concept
디자이너 B
Designer B
Design Experience
디자인 경험
전문 시각지식
쑤도 Pseudo Gestalt
실무 경험
Professional Visual Knowledge
Pseudo Gestalt
Professional Experience
일반 시각 개념
General Visual Concept

아르하임이 시각이나 심리를 별도로 연구하였다면, 그는 비창의적인 콘셉트를 가지고 연구했을 것이다. 그러나 아르하임은 시각과 심리를 결합하여 시각으로 생기는 심리를 바탕으로 게슈탈트 이론을 창안한, 창의적인 콘셉트를 보유한 이론가이다.

디자이너(A)가 게슈탈트 이론을 바탕으로 새로운 시각 심리적인 이론을 창안했다면 그는 창의적인 콘셉트를 보유했다고 할 수 있다.

디자이너(B)는 오랜 실무 경험을 통해 형태의 관계가 소비자들의 인식에 영향을 미친다는 사실을 알고, 다양한 디자인과 시각의 반응을 기록하여 게슈탈트라는 이론을 만들었다. 만약 이 디자이너(B)가 아르하임의 게슈탈트 이론을 사전에 알았다면 이런 수고를 할 필요가 없었을 것이다. 결국 그는 한정된 지식으로 인하여 비창의적인 콘셉트를 만든 것이다.

디자이너(B)는 다양한 기록을 확보하지 못하여 새로운 아이디어를 구상하지 못했다. 본인은 창의적인 콘셉트로 믿었던 반면, 게슈탈트를 이해하는 사람들에게는 비창의적인 콘셉트이었던 것이다.

If Arheim had studied vision or psychology separately, he would have done so with an uncreative approach. However, Arheim is a theorist with a creative mindset who combined vision and psychology to create the Gestalt theory based on the psychological principles generated by vision.

If a designer (A) develops a new visual psychological theory based on the Gestalt theory, he can be considered to have a creative concept.

Designer (B), leveraging extensive practical experience, grasped the profound influence of shape relationships on consumer perception. This understanding paved the way for the Gestalt theory, a culmination of meticulous recording and analysis of responses to diverse designs and perspectives. The potential impact of Gestalt theory on the creative process is immense, as it could have guided Designer (B) earlier, potentially leading to the creation of more innovative concepts.
Designer (B) could not develop new ideas because they needed access to various records. While the designer believed it to be a creative concept, those who understood Gestalt deemed it uncreative.

Creative Concepts are innovative and valuable as they influence people's thoughts and actions. Conversely, the Sensible Concept is uncreative, expected, and fails to convey a new message.

If a designer (B) were to introduce the Gestalt theory, they would be seen as clever but uncreative. This is because Arnheim had already established the Gestalt theory. Therefore, designer (B) would be seen as merely duplicating the Gestalt theory with an uncreative concept. On the other hand, if designer (A) were to devise a new visual psychological theory based on the Gestalt theory, they could be hailed as the creator of a creative concept. Furthermore, if Arnheim had studied vision or psychology separately, he would have done so with an uncreative concept. However, Arnheim, a theorist with a creative concept, amalgamated vision and psychology, resulting in the creation of the Gestalt theory based on the psychology generated by vision.

This creative concept is developed and used by combining several existing concepts.

Cognitive psychologist John Anderson stated that a record is 'a representation of information permanently stored in memory.' He also emphasized that creative concepts can only be devised with abundant knowledge. Therefore, creative individuals must possess extensive knowledge or "many records" stored in the brain.

In the example mentioned, designer (B) created the Gestalt theory based on the relationship between shapes and consumers' perception, drawn from long practical experience. However, if the designer (B) had known about Arheim's Gestalt theory beforehand, he might have avoided creating an uncreative concept due to limited knowledge.

The more diverse knowledge you acquire, the more your intuition base will become more comprehensive. As you uncover new relationships, you will eventually gain new ideas.

The designer (B) above could not generate new ideas because he needed access to various resources. While I considered this a creative concept, those who understand Gestalt considered it uncreative.

창의적인 콘셉트Creative Concept는 기발하고 유용하다. 그것은 사람의 마음과 행동을 움직이게 한다. 반면 비창의적인 콘셉트Sensible Concept는 누구나 예상 가능한 콘셉트이고 사람들에게 새로운 메시지를 전달하지 못한다.

만약에 어느 디자이너(B)가 게슈탈트 이론을 창안했다고 가정하면, 그는 영리하지만 비창의적인 디자이너라고 인식될 것이다. 이는 이미 아르하임에 의해 게슈탈트 이론이 창안되었기 때문이다. 그러므로 디자이너(B)는 비창의적인 콘셉트를 가지고 게슈탈트 이론을 창안하였다고 볼 수 있다. 만약 이 디자이너(A)가 게슈탈트 이론을 바탕으로 새로운 시각 심리적인 이론을 창안했다면 그는 창의적인 콘셉트를 보유했다고 할 수 있다. 그리고 만약 아르하임이 시각이나 심리를 별도로 연구하였다면, 그는 비창의적인 콘셉트를 가지고 연구했을 것이다. 그러나 아르하임은 시각과 심리를 결합하여 시각으로 생기는 심리를 바탕으로 케슈탈트 이론을 창안한, 창의적인 콘셉트를 보유한 이론가이다.

이처럼 창의적인 콘셉트는 기존의 여러 콘셉트를 결합하여 개발하고 사용한 콘셉트라고 말할 수 있다.

인지심리학자인 존 앤더슨John Anderson은 기록record이란 '메모리에 영구적으로 저장된 정보의 표상'이라고 하였다. 그는 지식이 풍부한 사람은 기록이 많다고 기술하고 있다. 또한 창의적인 콘셉트는 풍부한 지식Knowledge 없이는 고안해 낼 수가 없다는 것을 증명하였다. 그렇다면 창의적인 사람은 먼저 지식을 풍부하게 보유해야 한다. 즉 많은 기록을 대뇌에 저장해야 한다.

위의 예를 다시 분석해 보면, 이 디자이너(B)는 오랜 실무 경험을 통해 형태의 관계가 소비자들의 인식에 영향을 미친다는 사실을 알고, 다양한 디자인과 시각의 반응을 기록하여 게슈탈트라는 이론을 만들었을 것이다. 만약 이 디자이너(B)가 아르하임의 게슈탈트 이론을 사전에 알았다면 이런 수고를 할 필요가 없었을 것이다. 결국 그는 한정된 지식으로 인하여 비창의적인 콘셉트를 만든 것이다.

다양한 지식을 확보할수록 직관의 기반이 넓어지며, 그에 따라 새로운 연관 관계를 밝혀내면서 결국 새로운 아이디어를 얻게 될 것이다

위의 디자이너(B)는 다양한 기록을 확보하지 못하여 새로운 아이디어를 구상하지 못했다. 본인은 창의적인 콘셉트로 믿었던 반면, 게슈탈트를 이해하는 사람들에게는 비창의적인 콘셉트이었던 것이다.

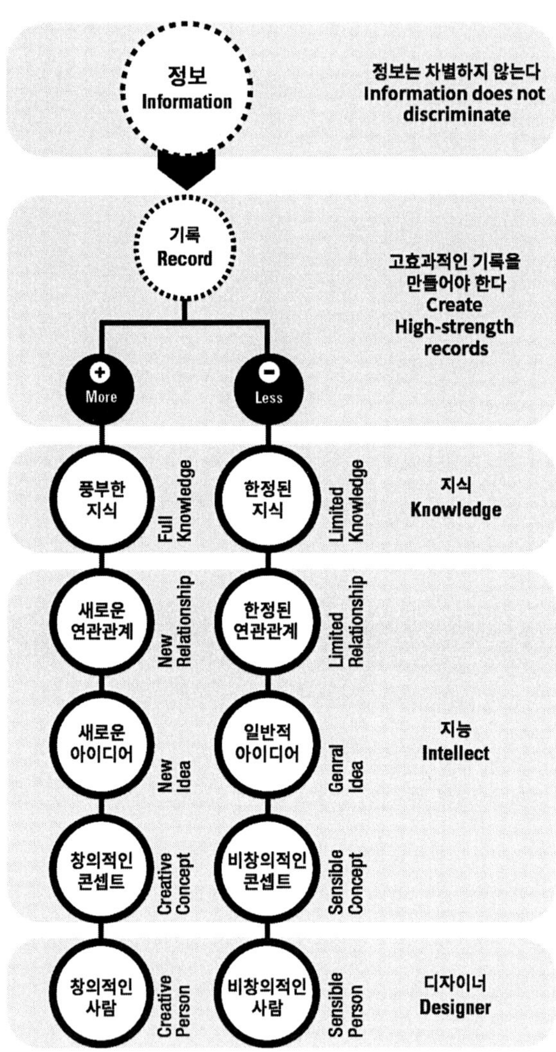
정보
Information
정보는 차별하지 않는다
Information does not discriminate
기록
Record
고효과적인 기록을 만들어야 한다
Create High-strength records
More
Less
풍부한 지식
Full Knowledge
한정된 지식
Limited Knowledge
지식
Knowledge
새로운 연관관계
New Relationship
한정된 연관관계
Limited Relationship
새로운 아이디어
New Idea
일반적 아이디어
Genral Idea
지능
Intellect
창의적인 콘셉트
Creative Concept
비창의적인 콘셉트
Sensible Concept
창의적인 사람
Creative Person
비창의적인 사람
Sensible Person
디자이너
Designer

이처럼 정보는 지식으로 전환되고, 지식은 아이디어로 전환된다. 이 과정에서 기록이 개별적인 기록 자체만으로 기능하면 창의적인 아이디어가 발생하지 않는다. 기록들은 상호 관계를 이루어야 아이디어가 창안될 수 있다.

새로운 아이디어는 기존의 여러 아이디어의 광범위한 변형으로 구성되면 구조를 연결하는 행로를 발견할 수 있다. 다시 말해 새로운 아이디어는 기록들이 모여 변형되고 구조를 형성하여, 여기서 기록을 연결하는 형식의 차이가 발생한다. 그리고 이런 형식들이 모여 지식을 형성한다.

디자이너가 로고디자인을 할 때에는 여러 디자인에 관련된 기록들을 연결할 것이다. 만약 게슈탈트이라는 기록을 보유한 디자이너가 로고디자인에 흥미를 갖는다면, 그는 게슈탈트적인 로고를 디자인하여 새로운 로고디자인을 완성할 것이다. 이렇게 디자이너가 많은 기록을 보유한다면 새로운 스타일이나 미를 연구하여 창의적인 디자인과 콘셉트를 개발할 수 있다.

This process involves converting information into knowledge and knowledge into ideas. Creative ideas do not occur if records only function as individual entities. Instead, records need to be interconnected for ideas to be generated.

When a new idea incorporates various existing ideas, connections within the structure can be identified. In essence, new ideas are shaped by gathering records, and this is where differences in connecting records' formats come into play. Furthermore, these formats amalgamate to form knowledge.

When designers create a logo, they link records related to different designs. If a designer with a Gestalt record is passionate about logo design, they will create a Gestalt logo and finalize a new logo design. Accumulating numerous records enables designers to develop creative designs and concepts by exploring new styles and aesthetics.

콘셉트는 디자인 연구 과정에서 핵심적인 역할을 수행한다. 콘셉트는 디자인의 보이지 않는 중요한 요소로서 디자인의 결과물인 형태를 형성하고 형태가 표현하고자 하는 메시지를 전달한다.

Concepts are crucial in the design research process, serving as critical invisible elements that shape the design's outcome and convey its intended message.

창의적인 콘셉트의 기본 요소로서 지식의 유형과 그 특성

Types of knowledge and their characteristics as basic elements of creative concepts

아이디어란 문제해결이나 목표달성을 위한 대안이나 선택 가능한 안을 의미한다. 아이디어란 명확히 규명된 문제를 풀 수 있는 가능한 해결책이다. 아이디어는 가능성일 뿐이지 아직 결정된 것이 아니다. 결정된 아이디어를 우리는 콘셉트라고 하며, 디자인에 필요한 아이디어는 디자인 아이디어, 디자인에 필요한 콘셉트는 디자인 콘셉트라고 한다.

An idea is an alternative or selectable plan for solving a problem or achieving a goal. It represents a potential solution to a recognized problem. An idea is essentially a possibility awaiting a decision. Once decided upon, the idea is referred to as a concept. In the context of design, the idea needed for the design process is called a design idea, and the concept needed for design is called a design concept.

Young Choi

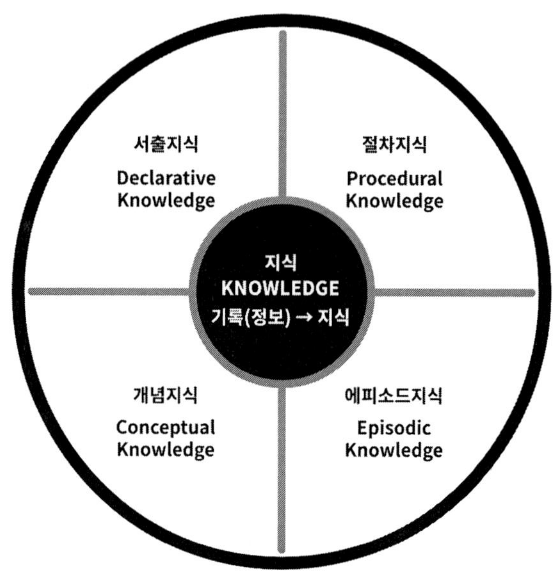

지식의 종류 Types of Knowledge	개 념 Concept	사 례 Case
서술지식 Declarative Knowledge	무엇을 알므로 무엇이라고 단정 짓는 지식 Knowledge that determines something because one knows something	십자가는 기독교를 상징 The cross symbolizes Christianity
절차 지식 Procedural Knowledge	무엇을 어떻게 하는 방법을 아는 지식 knowledge of what to do and how to do it	직사각형으로 십자가 만들기 Make a cross out of rectangles
개념 지식 Conceptual Knowledge	서술 지식과 절차 지식의 이유를 아는 지식 Knowledge of the why of declarative and procedural knowledge	십자가는 예수가 수난을 당한 상징적인 형태이다 The cross is a symbolic form of Jesus' suffering.
에피소드 지식 Episodic Knowledge	언제 어디서 무엇을 하였나를 기록하는 지식 Knowledge of recording what was done where and when	십자가가 기독교의 상징적인 아이콘이라는 개념을 알게 된 동기는 초등학교 시절에 텔레비전에서 본 영화 때문 The reason I learned about the concept of the cross as a symbolic Christian icon was because of a movie I saw on television when I was in elementary school.

기록

고효과적 기록High-Strength Record은 의식적으로 쉽게 기억할 수 있는 기록이다. 반대로 저효과적 기록Low-Strength Record은 새로운 기록이나 쉽게 기억할 수 없는 기록을 말한다. 저효과적 기록은 연습의 반복을 통해 고효과적 기록으로 변형할 수 있다. 단서Cue는 연습 중 기록에 연결되어 있는 환경이나 항목을 의미한다. 이러한 단서에 인해서도 저효과적 기록은 고효과적 기록으로 발전할 수 있다.

지식

창의적인 콘셉트를 창안하기 위해서는 많은 기록을 보유해야 하며, 지식이 풍부해야 한다. 새로운 지식은 새로운 기록을 만든다. 문제해결자는 새로운 기록을 저장하기 위해서는 지식을 만들 줄 아는 능력이 있어야 한다. 그리고 다양한 지식을 확보할수록 직관의 기반이 넓어지며, 그에 따라 새로운 연관 관계를 밝혀내면서 결국 새로운 아이디어를 얻게 될 것이다. 기록에 의한 지식은 서술 지식Declarative Knowledge, 절차 지식Procedural Knowledge, 개념 지식Conceptual Knowledge, 에피소드 지식Episodic Knowledge 등 네 가지 종류로 나뉜다.

Record

A high-strength record is one that can be consciously and easily remembered. Conversely, low-strength records are new or cannot be easily remembered. Ineffective records can be transformed into highly effective records through repetition of practice. A cue refers to an environment or item that is linked to the record during practice. Even with these clues, an ineffective record can develop into a highly influential record.

Knowledge

In order to create a creative concept, you must have many records and be knowledgeable. New knowledge creates new records. Problem solvers must be able to create knowledge to store new records. Moreover, the more diverse knowledge you gain, the more comprehensive your intuition base will become, and as you uncover new relationships, you will eventually gain new ideas. Knowledge-based on records is divided into four types: Declarative Knowledge, Procedural Knowledge, Conceptual Knowledge, and Episodic Knowledge.

서술 지식

서술 지식은 무엇을 알기 때문에 무엇이라고 단정 짓는 지식이다. 즉 무엇에 제안을 제기하여 무엇을 인식하는데, 이때 주장하는 내용은 '정확하다' 또는 '부정확하다'를 규정하여 무엇을 인식한다. 또한 서술 지식은 관념적인 네트워크$_{\text{Associative Network}}$라는 개념을 통해 지식의 반응을 이해한다.

예를 들면 "새"는 "날다"로, "사자"는 "육식동물이다", "아프리카 동물이다", "동물의 왕이다"로 서술하는 것이다. 디자이너들은 서술 지식을 통해 형태, 칼라, 무늬, 패턴 등 관습적인 의미를 인식한다. 예를 들어 우리는 직사각형이 수평으로 배치될 경우에는 안정감을 느끼고, 수직으로 배치될 경우에는 운동감을 느끼는 것이다.

Declarative Knowledge

Declarative knowledge refers to knowledge that asserts something as accurate. In other words, it involves recognizing a statement as accurate or inaccurate. Declarative knowledge also involves understanding the connections between different pieces of information. For instance, "bird" is associated with "flying," while "lion" is associated with descriptors such as "carnivore," "African animal," and "king of animals." Through declarative knowledge, designers can understand conventional meanings related to shapes, colors, and patterns.

For example, placing a rectangle horizontally can convey a sense of stability, while placing it vertically can convey a sense of movement. Declarative knowledge consists of facts, information, and understanding that can be explicitly stated. This type of knowledge differs from procedural knowledge, which involves knowing how to perform specific tasks.

절차 지식

절차 지식은 무엇을 어떻게 하는 방법을 아는 지식이다. 서술 지식과는 달리 절차 지식은 기록이 한 줄로 연결된다. 사전의 절차로 인하여 현 기록이 형성되고 현 기록으로 다음 절차가 이루어지는 지식이다. 서술 지식은 수학 문제를 풀거나 김치를 만드는 과정에 비유한다고 하겠다. 디자인에도 절차 지식이 존재한다.

직사각형을 그릴 경우 같은 크기의 수평선 두 개를 평행하게 그려야 하고 이 두 선을 잇는 수직선 두 개를 평행적으로 그려야 한다. 그렇게 기본적인 도형이나 디자인 요소들은 절차 지식에 의해 만들어진다. 또한 십자가 형태를 만들기 위해서 가장 쉬운 방법은 두 직사각형을 하나는 수평으로 또 하나는 수직으로, 중간에 순서대로 교차하면 된다.

Procedural Knowledge

Procedural knowledge is the knowledge of how to do something. Unlike descriptive knowledge, procedural knowledge is recorded in a step-by-step manner. It acknowledges that the current outcome results from a prior procedure and that the following procedure is based on the current outcome. Descriptive knowledge can be likened to solving a math problem or making kimchi. Procedural knowledge is also present in design.

For example, when drawing a rectangle, two parallel horizontal lines of the same size are drawn, and then two parallel vertical lines are drawn to connect them. These basic shapes and design elements are created using procedural knowledge. Another example is creating a cross shape by intersecting two rectangles, one horizontally and the other vertically, in that order.

개념 지식

개념 지식은 서술 지식과 절차 지식의 이유를 아는 지식이다. 개념 지식이 풍부해야 서술 지식과 절차 지식을 쉽게 문제를 이해하고 기록으로 전환시킬 수 있다. 개념 지식이 부족하면 새로운 기록을 인지하고 기억하기 어렵다.

즉 서술 지식이 "사자는 육식동물이다"라면, 개념 지식은 "사자가 다른 동물을 잡아먹기 때문에 육식동물이다"이다. 디자인의 경우, 서술 지식이 "십자가라는 아이콘은 기독교를 상징한다"라면, 개념 지식은 "십자가는 예수가 수난을 당한 상징적인 형태이다"이다.

Conceptual Knowledge

Conceptual knowledge refers to understanding the underlying reasons behind descriptive and procedural knowledge. It is essential for quickly grasping and applying information effectively. With conceptual knowledge, learning and retaining new information can be more accessible.

For example, if the descriptive knowledge is "Lions are carnivores," the conceptual knowledge would be "Lions are carnivores because they eat other animals." Similarly, in the design context, if the descriptive knowledge is "The icon of the cross symbolizes Christianity," the conceptual knowledge is "The cross is a symbolic representation of Jesus' suffering."

에피소드 지식

에피소드 지식은 언제 어디서 무엇을 하였나를 기록하는 지식이다. 에피소드 지식은 정보의 근원을 기억하는데 도움을 준다.

예를 들어 사자는 육식동물이라는 개념을 알게 된 동기는 '초등학교 1학년 때에 그것을 텔레비전에서 보았기 때문이다'는 식이다. 또 십자가는 기독교의 상징적인 아이콘이라는 개념을 알게 된 동기는 '초등학교 시절에 텔레비전에서 본 영화 속의 내용 때문이다'라는 것이다.

Episodic Knowledge

Episodic knowledge refers to recording what was done, where, and when, which helps us remember the source of information.

For instance, the motivation for learning about the concept of a lion being a carnivore could be "because I saw it on television when I was in the first grade of elementary school." Similarly, the motivation for learning about the concept that the cross is a symbolic icon of Christianity could be "because of the content in a movie I saw on television when I was in elementary school."

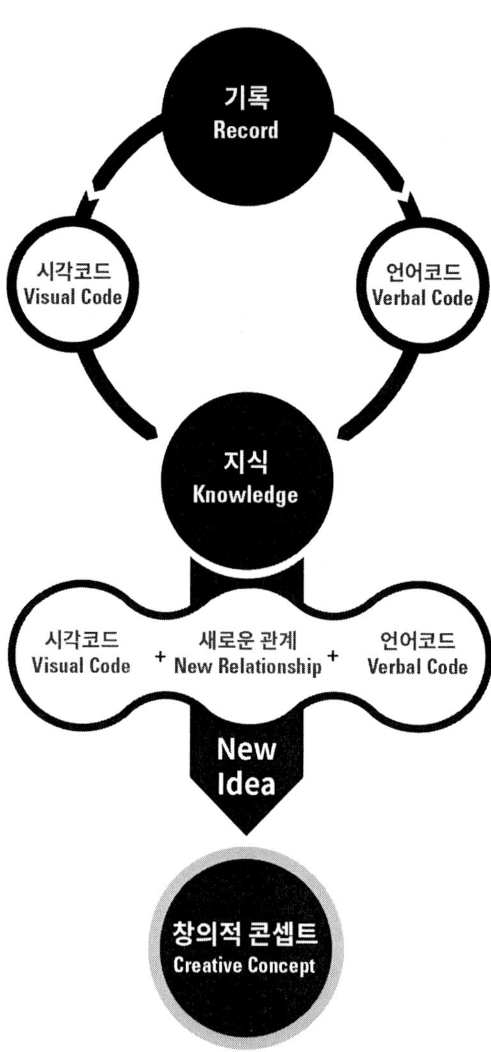
기록
Record
시각코드
Visual Code
언어코드
Verbal Code
지식
Knowledge
시각코드
Visual Code
+
새로운 관계
New Relationship
+
언어코드
Verbal Code
New
Idea
창의적 콘셉트
Creative Concept

이러한 지식의 특징은 지식이 형성되기 위해서는 두 개 이상의 기록이 존재하여야 한다는 점이다. 또한 새로운 지식은 기록으로 전환되는데, 기록은 시각코드Visual Codes와 언어코드Verbal Codes로 저장된다. 예를 들어 '사자'라는 지식은 '사자'라는 기록으로 전환하면서 사자의 시각적인 특성과 언어적인 설명의 코드로 저장된다. 그리고 이런 코드들의 역할은 사자와 비슷한 동물을 비교할 때 사용한다. 다시 예를 들어 십자가에 대한 지식은 기록이 시각코드와 언어코드로 저장되었기 때문에 형성된다.

우리는 십자가와 비슷한 형태를 갖고 있는 't' 자나 '+' 기호를 보았을 때에도 이것들을 십자가라고 생각하지 않는다. 그 이유는 십자가를 증명하는 시각코드가 불충분하기 때문이다. 만약 어느 경우에 위의 두 기호가 십자가를 증명하는 시각코드를 충분히 보유한다면 이 두 기호의 본질은 상실된다. 또한 십자가 형태를 보고 우리가 십자가라고 하는 경우와 '십자가'라는 언어로 표현하고 생각 속에 형성화하는 경우는 모두 우리가 가지고 있는 십자가에 대한 지식이 언어코드와 시각코드로 저장되었기 때문이다. 만약 우리가 십자가를 언어코드로만 저장했다면, 't' 자와 '+' 기호를 보고도 십자가라고 인식할 것이다. 반대로 십자가를 시각코드로만 저장한다면, 십자가를 직접 보았을 경우에만 그것을 인식할 수 있을 것이다. 또한 십자가 형태가 존재하지 않을 경우에는 '십자가'라는 단어를 얘기할 수 없다.

The defining feature of this type of knowledge is that it requires the existence of two or more records for knowledge to be created. Moreover, new knowledge is transformed into records stored as Visual Codes and Verbal Codes. For instance, knowledge about a 'lion' is transformed into a record of 'lion' and is stored as a code representing the visual characteristics and verbal description of a lion. These codes are then utilized when comparing lions and similar animals. Similarly, knowledge about a cross is formed because records are stored in visual and verbal codes.

When we see a 't' or a '+' sign with a similar shape, we do not consider these crosses because the visual code representing the cross is insufficient. If we stored the cross only as a language code, we would recognize it as a cross even when we see the letter 't' or the '+' sign. Conversely, if the cross is stored only as a visual code, it can only be recognized when seen directly. If the shape of a cross does not exist, the word 'cross' cannot be used.

콘셉트는 지식을 조직하기 위한 정신적 틀을 제공하는 반면, 지식은 콘셉트를 풍부하게 하고 개선한다.

Concepts provide the mental framework for organizing knowledge, while knowledge enriches and refines concepts.

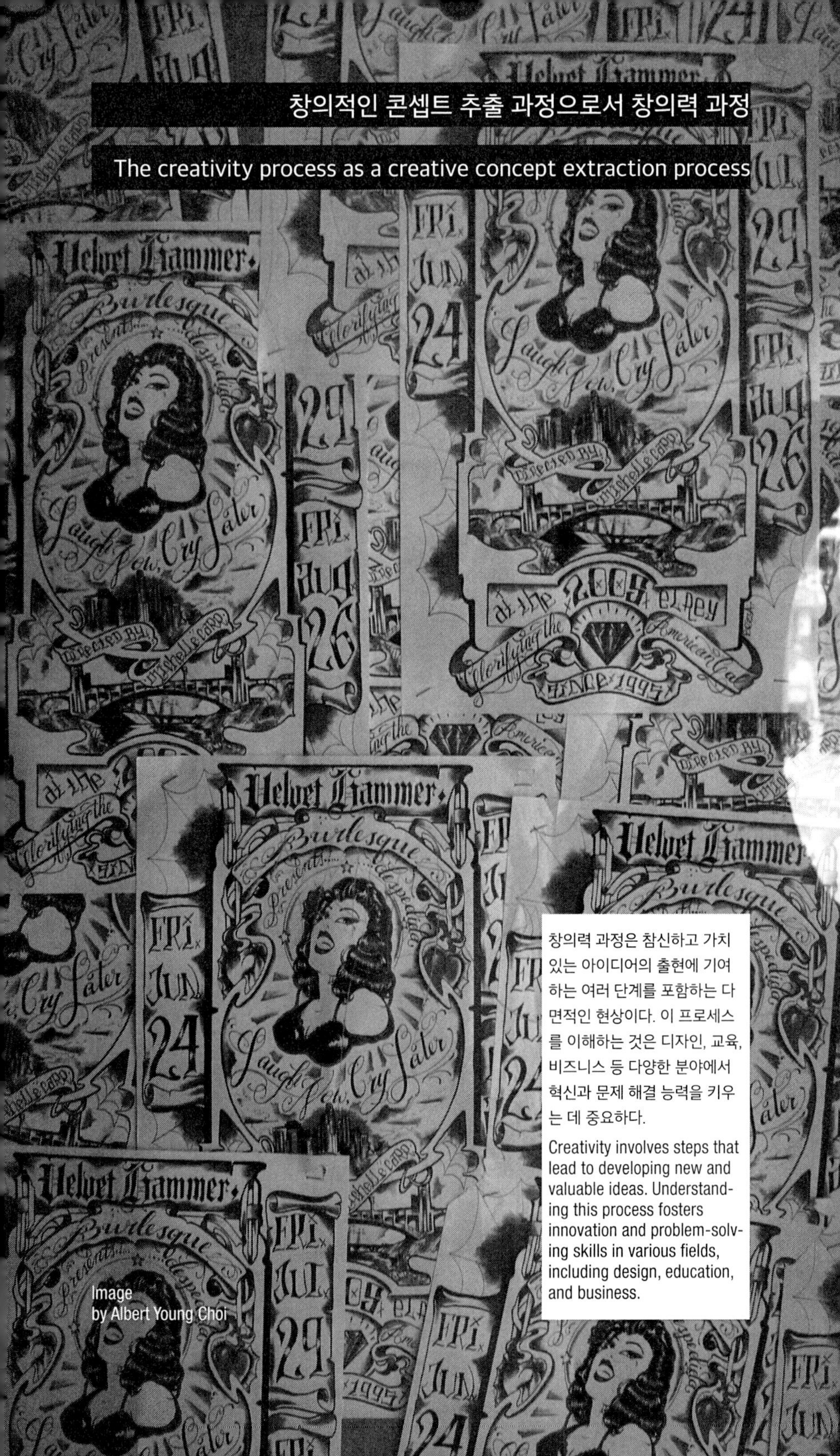

창의적인 콘셉트 추출 과정으로서 창의력 과정

The creativity process as a creative concept extraction process

창의력 과정은 참신하고 가치 있는 아이디어의 출현에 기여하는 여러 단계를 포함하는 다면적인 현상이다. 이 프로세스를 이해하는 것은 디자인, 교육, 비즈니스 등 다양한 분야에서 혁신과 문제 해결 능력을 키우는 데 중요하다.

Creativity involves steps that lead to developing new and valuable ideas. Understanding this process fosters innovation and problem-solving skills in various fields, including design, education, and business.

Image
by Albert Young Choi

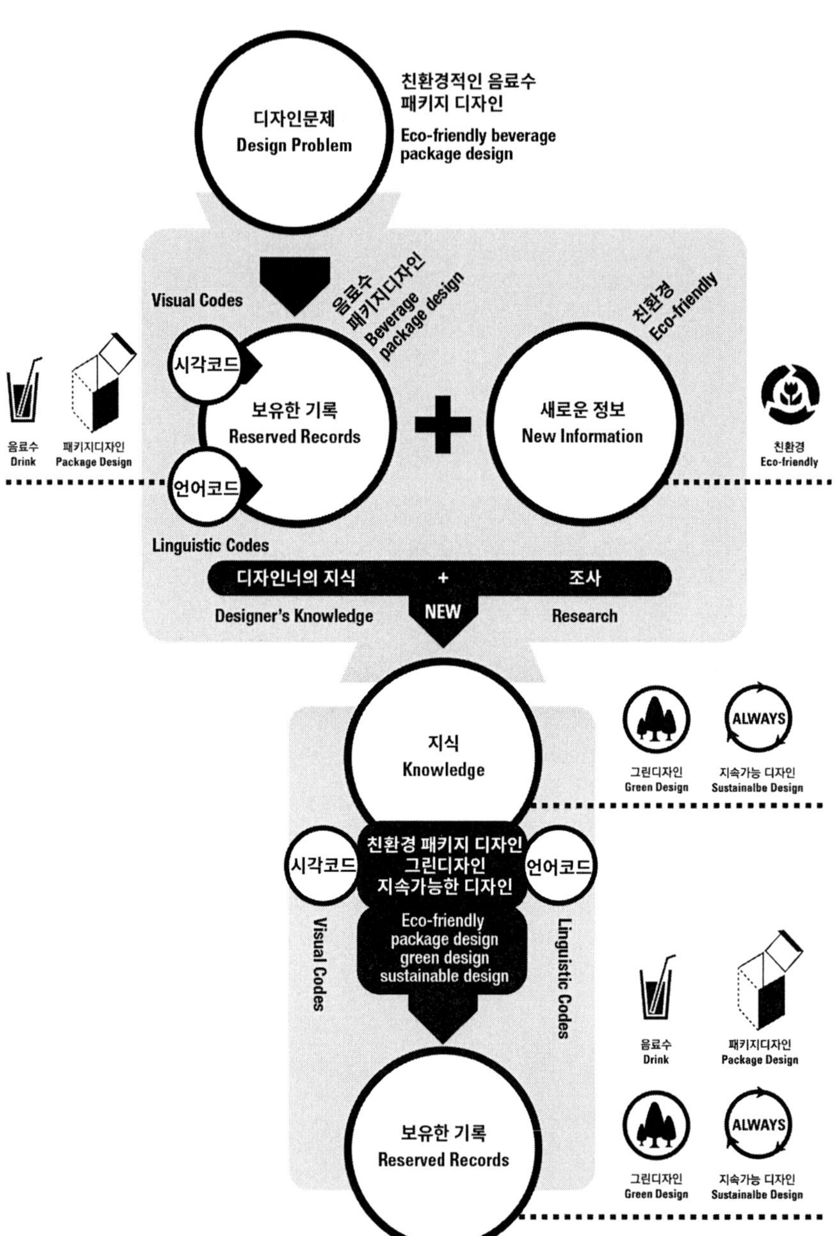

디자인문제
Design Problem
친환경적인 음료수
패키지 디자인
Eco-friendly beverage
package design
Visual Codes
음료수
패키지디자인
Beverage
package design
친환경
Eco-friendly
시각코드
보유한 기록
Reserved Records
언어코드
새로운 정보
New Information
음료수
Drink
패키지디자인
Package Design
친환경
Eco-friendly
Linguistic Codes
디자인너의 지식
+
조사
Designer's Knowledge
NEW
Research
지식
Knowledge
ALWAYS
그린디자인
Green Design
지속가능 디자인
Sustainalbe Design
시각코드
친환경 패키지 디자인
그린디자인
지속가능한 디자인
언어코드
Eco-friendly
package design
green design
sustainable design
Visual Codes
Linguistic Codes
음료수
Drink
패키지디자인
Package Design
보유한 기록
Reserved Records
ALWAYS
그린디자인
Green Design
지속가능 디자인
Sustainalbe Design

지식은 기록의 연결에 의해 구성된다. 창의적인 콘셉트를 창출할 수 있는 기본적인 요소는 풍부한 지식을 보유하는 것이다. 이와 더불어 지식들을 응용하는 방법에 따라 콘셉트가 창의적일 수도 있고 비창의적일 수도 있다. 창의력의 과정은 지식을 기록으로 만들어 창의적인 콘셉트를 창출하는 방법이다. 창의적으로 생각하는 사람들이 공통적으로 가지고 있는 특징은 아이디어를 중요시하고, 선택을 탐색하고, 모호함을 받아들이고, 색다른 것을 찬양하고, 무관한 것들을 연결짓고, 실패를 두려워하지 않는다는 것이다.

Knowledge is built by connecting information. Having a vast knowledge base is crucial for generating innovative ideas. The application of knowledge determines whether a concept is creative or not. Creativity involves using knowledge to develop original concepts. Key traits of creative thinkers include valuing ideas, exploring different possibilities, embracing uncertainty, appreciating new ideas, making connections between unrelated things, and not being afraid of failure.

창의력 단계 Creativity stages		개 념 Concept	방 법 Method
1	준비단계 Preparation	문제에 관련된 모든 정보를 수집하고 문제의 모든 면에 대해 잘 알고 있어야 한다. Gather all information related to the problem You must be familiar with all aspects of the problem.	지식 → 기록 (시각코드 & 언어코드) Knowledge → Record (Visual code & language code)
2	잠복단계 Incubation	문제를 생각에서 지워버리고 정신을 쉬게 하여 맑은 정신을 갖는다. 잠복 단계에서는 준비단계에서 문제에 대해 준비한 기록들을 단일의 기록들로 남기고 기록들의 결합을 하지 않는다. Clear your mind of problems, rest your mind, and achieve clarity. In the latent stage, the records prepared during the preparation stage exist as individual records and are not combined.	안정된 정신 기록 저장 보유 Stable mind record storage retention
3	영감단계 Illumination	미정된 시간이나 환경에서 불시에 아이디어를 생각하게 한다. 이 단계에서는 아이디어가 기록과 환경의 결합으로 인하여 창안된다. 환경은 여러 가능한 기록들로 이루어져 있다. At this stage, ideas are generated through a combination of knowledge and the environment, encompassing various potential stimuli that prompt unexpected thoughts.	아이디어 창안 idea creation
4	검증단계 Verification	아이디어를 지능적으로 조사하고 결정한다. Investigate ideas intelligently and make decisions.	아이디어 선택 아이디어와 문제의 조건 확인 Idea selection Check the conditions of ideas and problems

Creativity Thinking Process 1_Preparation Stage

During the Preparation Stage of the Creative Thinking Process, you need to gather all information related to the problem and become familiar with all its aspects. In this stage, existing visual and linguistic codes are reorganized and combined with new information to create new knowledge through descriptive, procedural, conceptual, and episodic knowledge. The knowledge formed in this way is then re-recorded as visual and linguistic codes. As a designer, you play a crucial role in this process.

For example, if the design problem is creating an 'eco-friendly beverage package design,' you would first organize your existing knowledge as 'drink,' 'package design,' and 'drink package design' as visual and verbal codes. Then, by acquiring new information about 'eco-friendliness' and combining it with your existing knowledge, you can develop new ideas such as 'eco-friendly package design,' 'green design,' and 'sustainable design,' which are then stored as records. In the preparation stage, the design problem of 'eco-friendly beverage package design' should be seen as a challenge to be recognized rather than completely solved, emphasizing your integral role in the process.

Creativity Thinking Process 2_Incubation Stage

In the second stage of the creative thinking process, you should take a break and clear your mind of the problem at hand. The ideas generated in the preparation stage should be kept separate and not combined.

For instance, if you are working on the problem of 'eco-friendly beverage package design,' you should single out keywords such as 'beverage,' 'package design,' 'beverage package design,' 'eco-friendly,' 'eco-friendly package design,' and 'green design.' Then, focus only on 'sustainable design' as the problem and step back to refresh your mind.

창의력 사고 과정 1_준비 단계

문제에 관련된 모든 정보를 수집하고 문제의 모든 면에 대해 잘 알고 있어야 한다. 준비단계에서는 보유하고 있는 시각코드와 언어코드의 기록을 재정리하고 새로운 정보와 결합하여 서술 지식, 절차 지식, 개념 지식, 에피소드 지식을 통해 새로운 지식으로 전환시킨다. 이렇게 형성된 지식은 시각코드와 언어코드로 다시 기록된다.

예를 들어 디자인 문제가 '친환경적인 음료수 패키지 디자인'이라면, 디자이너는 먼저 본인이 소유한 '음료수', '패키지디자인', '음료수 패키지 디자인'이라는 기록들을 시각코드와 언어코드로 구상할 것이다. 그리고 '친환경'이라는 새로운 정보를 입수하여 본인의 기록과 결합하여 '친환경 패키지 디자인', '그린디자인', '지속 가능한 디자인'이라는 새로운 사실을 깨달아 지식으로 만든다. 그리고 이러한 지식은 다시 코드화되어 기록으로 저장된다. 준비단계에서는 디자인 문제인 '친환경적인 음료수 패키지 디자인'을 완전히 해결하지는 않고 제기된 문제로만 인식하면 된다.

창의력 사고 과정 2_잠복 단계

2 단계에서는 문제를 생각에서 지워버리고 정신을 휴식하여 맑은 정신을 갖는다. 준비단계에서 준비한 기록들을 단일한 기록들로 남겨놓고 다른 기록들과의 결합을 수행하지는 않는다.

예를 들어 이 단계에서는 '친환경적인 음료수 패키지 디자인'의 문제에 필요한 기록들인 '음료수', '패키지디자인', '음료수 패키지 디자인', '친환경', '친환경 패키지 디자인', '그린디자인', '지속 가능한 디자인'을 문제로서만 인식하고 머리를 식힌다.

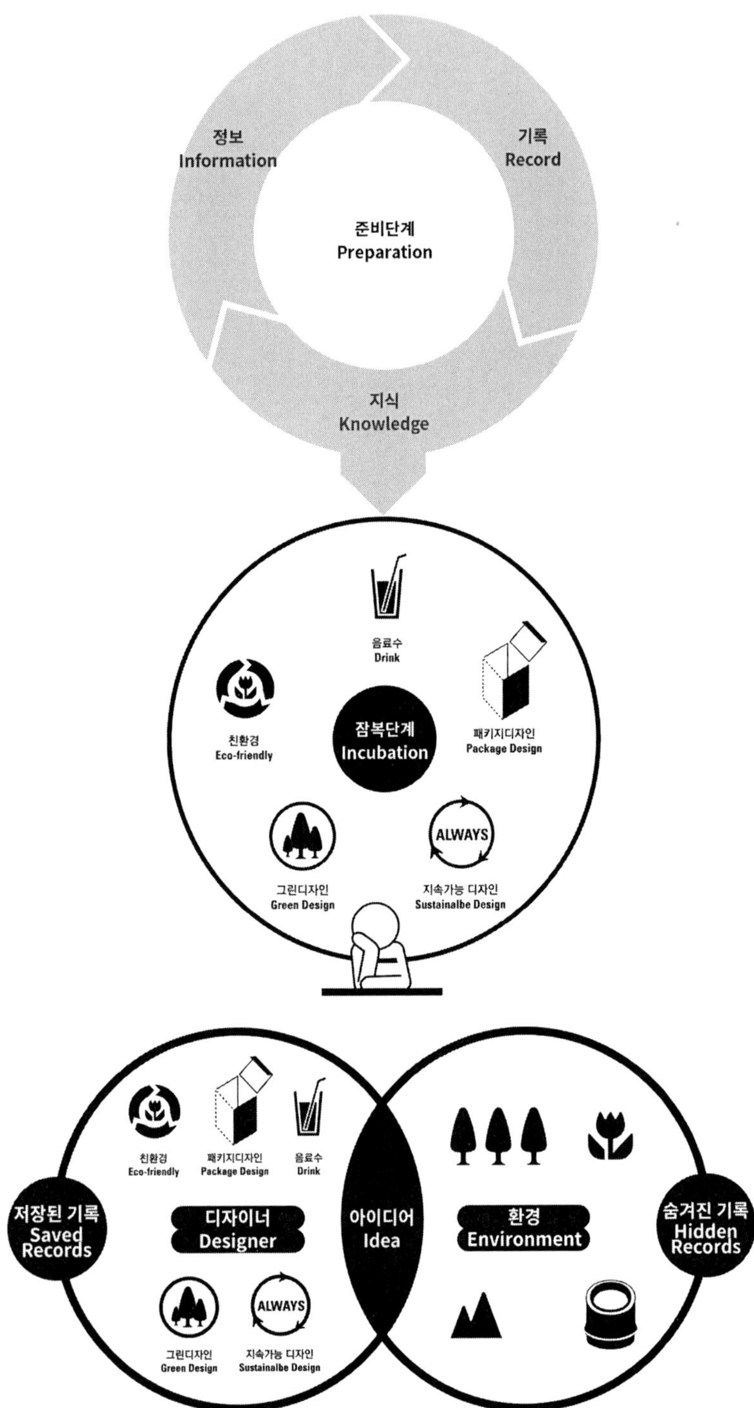

44 The creativity process as a creative concept extraction process

미정된 시간이나 환경에서 불시에 아이디어를 생각하게 한다. 영감단계에서는 아이디어가 기록과 환경의 결합으로 인하여 창안된다. 환경은 여러 가능한 기록들로 이루어져 있다. 가령 과학자 뉴턴도 기록을 보유하던 중 나무에서 떨어지는 사과에 머리를 맞는 환경에 처하게 되면서 중력의 법칙을 창안하게 되었다.

예를 들어 디자이너는 '친환경적인 음료수 패키지 디자인'라는 문제와 '음료수', '패키지디자인', '음료수 패키지 디자인', '친환경', '친환경 패키지 디자인', '그린디자인', '지속 가능한 디자인'이라는 기록을 인식하고, 정신을 휴식하기 위해 등산하러 떠났다. 그는 높은 산을 오르다가 목이 말라 약수터를 찾았다. 대나무로 만든 잔으로 물을 마시다가 그는 '친환경적인 음료수 패키지 디자인'에 대한 아이디어가 떠올랐다. 이러한 아이디어는 자연적인 요소로 패키지 디자인 재료를 만드는 것이었다. 환경에 의한 기록과 저장된 기록은 기하급수적인 연결이 가능하다.

Creativity Thinking Process 3_Illumination Stage

The Illumination Stage of the Creative Thinking Process involves generating ideas unexpectedly, regardless of the time or environment. During this stage, ideas are formed by combining existing knowledge and the surroundings, which offer numerous possibilities.

For example, the scientist Newton was struck by an apple falling from a tree while contemplating, prompting him to develop the law of gravity. Similarly, designers can address the challenge of creating an 'eco-friendly beverage package design' by considering various aspects such as 'drink,' 'package design,' 'eco-friendly,' 'green design,' and 'sustainable design.' After recognizing these elements, a designer might take a break, such as hiking, to clear their mind. While hiking, they could become thirsty and discover a mineral spring. As they drink water from bamboo glass, the idea of an 'eco-friendly beverage package design' might come to them, involving creating packaging materials from natural elements. This illustrates how environmental and existing knowledge can be interconnected to generate innovative ideas.

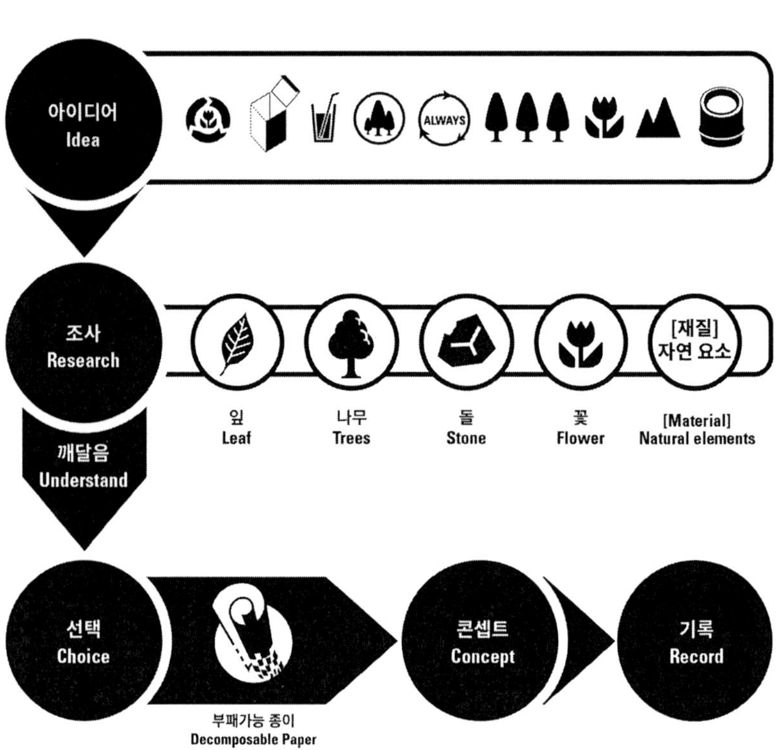

46 The creativity process as a creative concept extraction process

창의력 사고 과정 4_검증 단계

아이디어를 지능적으로 조사하고 결정한다. 영감단계에서 창안한 아이디어들은 콘셉트가 될 수 없다. 아이디어가 콘셉트로 전환되기 위해서는 검증단계를 거쳐야 한다. 이때 아이디어는 다양한 기록에 의해 조사되고 결정되며 이렇게 결정된 아이디어가 콘셉트가 된다.

예를 들어 디자이너의 아이디어는 '친환경적인 음료수 패키지 디자인'을 자연적인 요소인 재료로 만드는 것이다. 이 아이디어로 인해 그는 여러가지 자연적인 재료를 조사하고 연구하였다. 그리하며 음료수 패키지디자인의 여러 기본적인 조건(기록)을 인식하고, 여러 아이디어 중에서 부패가 가능한 종이 재질을 '친환경적인 음료수 패키지 디자인'으로 선택하였다. 이때 다양한 아이디어 중에서 하나를 선택하는 능력이 중요하다. 그리고 이러한 콘셉트는 경험으로 인하여 다시 기록으로 전환된다.

Creativity Thinking Process 4_Verification Stage

In the Verification Stage of the Creative Thinking Process, ideas are thoroughly investigated, and decisions are made. Ideas generated in the inspiration stage can only become concepts once they have been verified. During this stage, ideas are researched and evaluated based on various criteria, and those that meet the requirements become concepts. For instance, if a designer's idea is to create an 'eco-friendly beverage package design' using natural materials, they would investigate and study various natural materials. Through this process, they would identify the primary criteria for the beverage package design and select perishable paper material as the 'eco-friendly beverage package design' from among several ideas. It is crucial to choose the best idea from among the options available. Additionally, this concept is refined through experience and becomes a valuable record

Let's carefully examine the characteristics of the creative stages mentioned above. Practical ideas can be formed in the inspiration stage based on the information collected in the preparation stage, which gathers the necessary information to solve a given problem. In other words, ideas are closely linked to the information collected. Therefore, the more comprehensive and detailed the information collected, the more valuable the creative concept. To address the issue of 'how to enhance the readability of typography in event posters,' the designer needs to maintain a minimum of information about the poster, event, and typography. Moreover, to generate better ideas, it is essential to document the history of posters, the history of typography, the event conditions, the message conveyed by the poster, and so on. Consequently, impactful ideas can only be developed if there is more information about the problem than information on the problem. When it comes to creative concepts, these ideas are combined to create a new solution.

For optimal information storage, it is best to store records closely related to the inspiration stage simultaneously with visual and language codes. Hence, designers utilize vision and language to derive visual and verbal codes during the brainstorming process in the inspiration stage.

High-strength memories are easily and consciously recalled, while low-strength memories are new or hard to remember. Ineffective memories can become effective through repeated practice. A cue is an environmental or item associated with the memory during practice. Even with these cues, an ineffective memory can become highly influential.

When we consider the previous example, "drinks," "package design," and "beverage package design" are high-strength records for designers. On the other hand, "eco-friendly package design" and "sustainable design" have low effectiveness. Low-strength records should be converted into high-strength records during the preparation stage. This can be achieved by repeatedly associating visual and verbal cues with the records or finding clues and connecting them to the records.

위의 창의적 단계들의 특성을 세밀히 분석해 보면, 주어진 문제를 해결하기 위해 필요한 여러 정보를 수집하는 준비단계에서 얼마나 많은 정보를 기록하였는지에 따라 영감단계에서 효과적인 아이디어가 구상될 수 있다. 즉 아이디어는 기록과 많은 연관성을 갖고 있다. 그러므로 기록을 깊고 풍부하게 보유할수록 창의적인 콘셉트의 가치가 높아진다. 만약 '행사 포스터에서 타이포그래피의 가독성을 높이는 방법'이라는 문제를 풀기 위해, 디자이너는 포스터, 행사, 타이포그래피에 대한 최소한의 기록을 보유해야 한다. 나아가 좀 더 나은 아이디어를 구상하려면 포스터의 역사, 타이포그래피의 역사, 행사의 조건, 포스터가 전하는 메시지 등등을 기록하여야 한다. 그러므로 문제에 대한 정보보다는 문제에 대한 기록이 많아야 인상적인 아이디어를 구상할 수 있고, 창의적인 콘셉트의 경우 이런 아이디어가 모여 새로운 결합체로 만들어진다.

또한 영감단계에 밀접한 관계를 갖고 있는 기록은 시각코드와 언어코드로 동시에 저장하였을 경우 가장 효율적인 정보 저장이 이루어진다. 그래서 디자이너는 영감단계에서 브레인스토밍을 할 때 시각코드와 언어코드를 이끌어 내기 위해 시각과 언어를 활용한다.

고효과적 기록High-Strength Record은 의식적으로 쉽게 기억할 수 있는 기록이다. 반대로 저효과적 기록Low-Strength Record은 새로운 기록이나 쉽게 기억할 수 없는 기록을 말한다. 저효과적 기록은 연습의 반복을 통해 고효과적 기록으로 변형할 수 있다. 단서Cue는 연습 중 기록에 연결되어 있는 환경이나 항목을 의미한다. 이러한 단서에 인해서도 저효과적 기록은 고효과적 기록으로 발전할 수 있다.

위의 예를 다시 살펴보면, 디자이너에게 '음료수', '패키지디자인', '음료수 패키지디자인'은 고효과적 기록이며, '친환경 패키지 디자인', '지속 가능한 디자인'은 저효과적 기록에 해당한다. 준비단계에서는 저효과적 기록을 고효과적 기록으로 전환시켜야 하는데, 반복하여 시각코드와 언어코드를 기억에 주입시키거나 단서를 찾아 기록에 연결하는 방법을 사용한다.

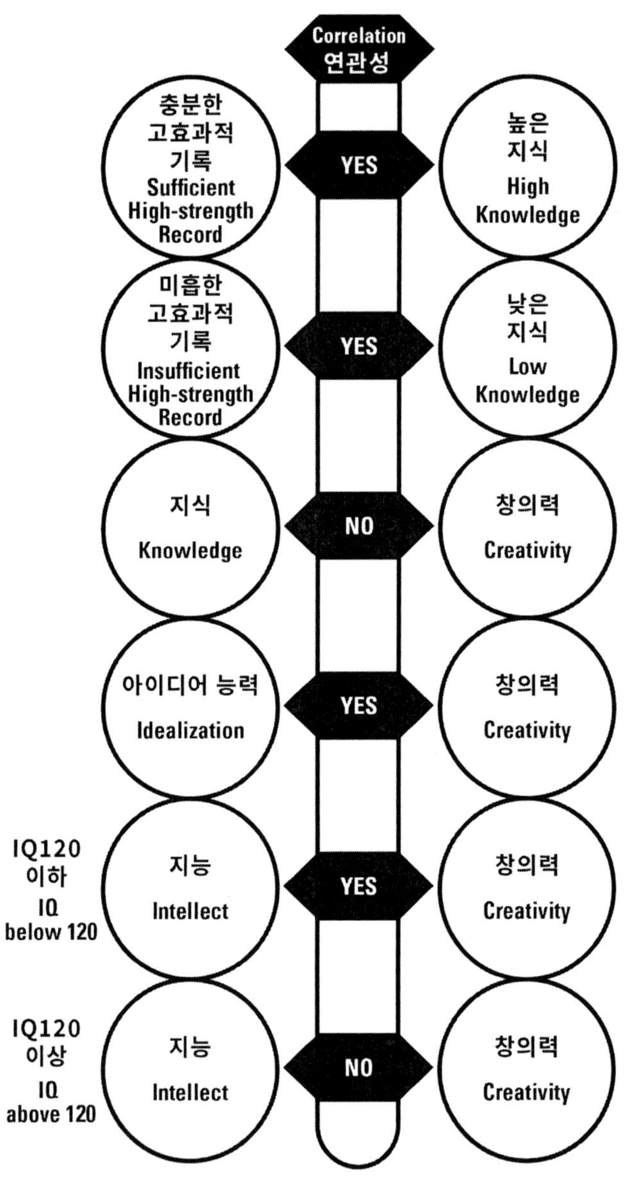
Correlation
연관성
충분한
고효과적
기록
Sufficient
High-strength
Record
YES
높은
지식
High
Knowledge
미흡한
고효과적
기록
Insufficient
High-strength
Record
YES
낮은
지식
Low
Knowledge
지식
Knowledge
NO
창의력
Creativity
아이디어 능력
Idealization
YES
창의력
Creativity
IQ120
이하
IQ
below 120
지능
Intellect
YES
창의력
Creativity
IQ120
이상
IQ
above 120
지능
Intellect
NO
창의력
Creativity

이상의 내용과 같이 기록의 양에 따라 지식의 차이가 있지만, 일반적으로 지식은 창의성과 직접적인 관계가 없다. 창의성은 새로운 아이디어를 만든다. 지능Intellect은 새로운 문제가 주어졌을 때 문제의 의미를 이해하고 합리적인 문제 해결을 가능하게 하는 잠재력이다. 지능, 지식, 창의성은 여러모로 관계를 갖고 있지만, 직접적인 관계를 맺고 있다고는 볼 수는 없다.

시몬튼Simonton에 의하면 지능과 창의성은 IQ가 120이나 그 이하일 경우 상호관계가 있으며, IQ가 120 이상이면 특별한 상호관계가 없다고 하였다. 시몬튼은 지능이 높은 사람이 창의적이지 못할 수도 있으며, 창의적인 사람들 중에서 지능이 높지 않은 사람이 있을 수도 있다고 하였다.

터맨Terman과 오든Oden이 지능이 매우 높은 아이들을 대상으로 실험한 결과, 창의력은 지식의 양과 연관성이 없고 지식을 접근하는 방법과 관련된다고 하였다. 윌라스의 창의적 과정은 모든 사람들이 공유하는 방법이다. 하지만 이 방법을 통해 모든 사람들이 동등하게 창의적인 콘셉트를 창안하지는 못한다. 이는 단지 지식을 접근하는 방법에 불과하며, 창의력이 낮은 사람들에게 하나의 유용한 방법으로 사용될 수 있다.

As mentioned earlier, knowledge variations depend on the volume of records. In general, knowledge is not directly linked to creativity. Creativity involves generating new ideas, while intelligence comprehends the significance of a new problem and facilitates rational problem-solving when faced with a new challenge. Intelligence, knowledge, and creativity are interconnected in numerous ways but cannot be perceived as having a direct relationship.

According to Simonton, there is a correlation between intelligence and creativity when IQ is 120 or lower. However, there is no particular correlation when IQ is 120 or higher. Simonton suggested that knowledgeable people may not necessarily be creative, and among creative individuals, there may be less intelligent people.

Terman and Oden conducted an experiment with highly intelligent children and found that creativity was not related to the amount of knowledge, but rather to the way knowledge is accessed. Willas' creative process is a method shared by all, but it does not guarantee equally creative concepts for everyone. It serves as a way to access knowledge and can be a useful method for people with low creativity.

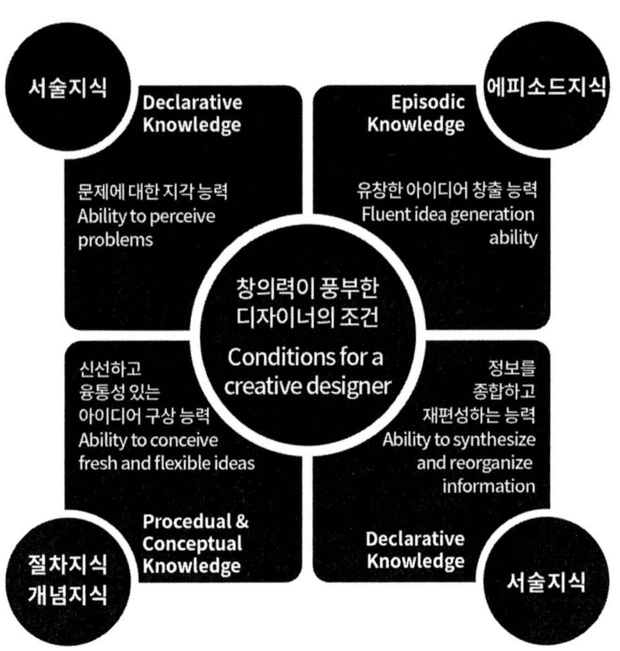
서술지식
Declarative Knowledge
문제에 대한 지각 능력
Ability to perceive problems
에피소드지식
Episodic Knowledge
유창한 아이디어 창출 능력
Fluent idea generation ability
창의력이 풍부한 디자이너의 조건
Conditions for a creative designer
신선하고 융통성 있는 아이디어 구상 능력
Ability to conceive fresh and flexible ideas
Procedual & Conceptual Knowledge
절차지식 개념지식
정보를 종합하고 재편성하는 능력
Ability to synthesize and reorganize information
Declarative Knowledge
서술지식

길포드Guilford는 문제에 대한 지각 능력, 유창한 아이디어 창출 능력, 신선하고 융통성 있는 아이디어 구상 능력, 정보를 종합하고 재편성하는 능력 등등이 결합되어 창의력이 이루어진다고 하였다. 우리는 창의력이 풍부한 디자이너들의 작품을 보고 디자이너가 갖고 있는 디자인 문제에 대한 지각 능력, 신선한 아이디어 창출 능력과 구상 능력을 파악할 수 있다. 그러나 이들의 창의적인 디자인 능력은 디자인 문제에 대한 정보를 종합하고 재편성하여 그들만의 새로운 디자인 언어를 구축하는 능력에 달려 있다. 비창의적인 디자이너의 경우, 아이디어가 있어도 정보를 종합하고 재편성하는 능력이 부족하기 때문에 일반적인 수준의 디자인 결과물을 만든다. 이처럼 기본적으로 정보를 종합하고 재편성하는 능력을 보유해야만 신선하고 융통성 있는 아이디어를 구상할 수 있다.

Guilford suggested that creativity is the result of a combination of abilities, including the capacity to identify problems, the ability to generate a large number of ideas, the ability to come up with original and adaptable ideas, and the ability to synthesize and reorganize information. When we examine the work of highly creative designers, we can see how they excel at identifying design problems, generating new ideas, and coming up with fresh concepts. Their creative design skills rely on their capacity to synthesize and reorganize information about design problems to develop their unique design approach. In contrast, less creative designers, even with ideas, need to work on synthesizing and reorganizing information to produce average design results. Developing original and adaptable ideas is only possible when one possesses the essential skill of synthesizing and reorganizing information.

	윌라스의 창의력 과정 Willas's Creativity Process	길포드의 창의력 조건 Guilford's Creativity Conditions	지식의 종류 Types of knowledge
1	준비단계 Preparation Stage	- 문제에 대한 지각 능력 필요 - 정보를 종합하고 재편성하는 능력 필요 - Requires perception of the problem - Requires the ability to synthesize and reorganize information	서술지식 개념지식 Descriptive knowledge Conceptual knowledge
2	잠복단계 Incubation Statege		
3	영감단계 Illumination Stage	- 유창한 아이디어 창출 능력 - Fluent idea generation ability	에피소드지식 Episode knowledge
4	검증단계 Verification Stage	- 정보를 종합하고 재편성하는 능력 필요 - 신선하고 유통성 있는 아이디어를 구상하는 능력필요 - Requires the ability to synthesize and reorganize information - Requires the ability to come up with fresh and marketable ideas	서술지식 절차지식 개념지식 Descriptive knowledge Procedural knowledge Conceptual knowledge

길포드의 연구 결과와 월라스의 창의력 과정을 연결하여 종합해 본 결과 다음과 같은 관계가 이루어지는 것을 지적한다.

- 문제에 대한 지각 능력은 준비단계에 필요하다.
- 정보를 종합하고 재편성하는 능력은 준비단계와 검증단계에서 필요하다.
- 유창한 아이디어 창출 능력은 영감단계에서 필요하다.
- 신선하고 융통성 있는 아이디어를 구상하는 능력은 검증단계에서 필요하다.

이처럼 월라스의 창의적 단계에서 길포드가 주장한 창의적 능력을 증가하도록 노력한다면 모든 사람도 창의력을 보유할 수 있다. 특히 준비 단계의 중요성을 확인할 수 있으며, 이 단계의 특성을 고려할 때 서술지식과 개념지식이 필요하다. 그리고 에피소드 지식은 영감단계로 인하여 구성될 수 있다. 절차지식은 아이디어 구상에서 문제와 정보의 관계를 분석하는 능력을 제공하며, 아이디어의 효율성을 파악할 수 있다. 그러므로 콘셉트 개발에서 절차지식은 개념지식과 서술지식을 합리화시킬 수 있는 방법이다.

As a result of combining Gilford's research findings with Wallace's creative process, the following relationship is identified:

- The ability to recognize the problem is necessary in the preparation stage.
- The ability to synthesize and reorganize information is necessary in the preparation and verification stages.
- Proficient idea-generation skills are necessary at the inspiration stage.
- Developing new and flexible ideas is necessary in the verification stage.

In this manner, anyone can possess creativity by striving to enhance the creative abilities that Gilford identified in Wallace's creative stages. Notably, the importance of the preparation stage can be confirmed, and considering the characteristics of this stage, descriptive knowledge and conceptual knowledge are necessary. Additionally, episodic knowledge can be formed during the inspiration stage. Procedural knowledge enables the analysis of the relationship between problems and information when conceiving an idea and can identify the effectiveness of the idea. Therefore, procedural knowledge is a means to rationalize conceptual and descriptive knowledge in concept development.

창의성은 다양한 지식과 경험의 원천으로부터 아이디어를 생성하고 다듬는 과정이다.

Creativity is the process of generating and refining ideas from various sources of knowledge and experience.

창의적인 콘셉트 선택으로서 의사결정

Decision making as a creative concept choice

의사결정은 다양한 대안 중에서 행동 방침을 선택하는 중요한 인지 과정이다. 효과적인 의사결정을 위해서는 의사결정의 질과 결과를 향상시킬 수 있는 기본 인지 메커니즘, 이론적 프레임워크, 실제 전략을 이해해야 한다.

Decision-making is a crucial cognitive process involving selecting a course of action from various alternatives. Effective decision-making requires understanding the underlying cognitive mechanisms, theoretical frameworks, and practical strategies that can improve decision quality and outcomes.

Image
by Albert Young Choi

	의사결정 단계 Decision Making Stages	개 념 Concept
1	인지 Recognition	의사결정의 첫 단계에서는 결정을 해야 하는 사실을 깨달아야 한다. The first step in decision making is to realize that you have to make a decision.
2	형식 Formulation	형식 단계에서는 결정 상태의 목적과 가치를 분별하여 결정 상태를 탐구하고 분류하는 단계이다. In the formal stage, the purpose and value of the decision state are discerned and the decision state is explored and classified.
3	대안 발생 Alternative Generation	가치 세트(Consideration set)는 주의를 끄는 여러 대안으로서 결정을 보조해 준다. A value set is a set of alternatives that grabs attention and aids decision making.
4	정보 조사 Information Research	분별 있는 결정을 하기 위해서는 고려하는 대안의 특성(attributes)이나 성질(properties)을 인지하려고 노력해야 한다. To make a wise decision, you must try to recognize the attributes or properties of the alternatives you are considering.
5	판단이나 선택 Judgment or Choice	판단(judgment)이나 선택(choice)은 단 한 개의 대안이나 특성을 반응에 필요한 라벨을 지어 비교하거나 맞대기를 하는 것이다. Judgment or choice is comparing or confronting only one alternative or characteristic by labeling it necessary for a response.
6	행동 Action	정신적으로 선택을 하고 행동으로 옮기는 단계이다. This is the stage where you make a mental choice and take action.
7	반응 Feedback	선택 행동이 이후 행동에 따른 새로운 정보를 처리한다. The selection action processes new information resulting from subsequent actions.

콘셉트는 다양하고 많은 아이디어들 중에서 가장 독특하고 참신한 아이디어에 해당한다. 디자이너가 아이디어를 선택한다는 것은 결코 쉬운 일이 아니다. 월라스의 창의력 과정의 각 단계에서도 디자이너는 많은 선택을 해야 한다. 이를 의사결정이라고 하는데, 여러 선택 정보를 만들고 모으고 평가하여 여러 의견 중에서 선택하는 과정이다.

의사결정은 문제 핵심을 결정하기도 하고 여러 아이디어 중에서 문제와 적합한 아이디어를 결정하기도 한다. 의사결정 단계는 1) 인지Recognition, 2) 형식Formulation, 3) 대안 발생Alternative Generation, 4) 정보 조사Information Research, 5) 판단이나 선택Judgement or Choice, 6) 행동Action, 7) 반응Feedback으로 나누어진다.

The concept is a unique and novel idea among many diverse ideas. It is always challenging for a designer to choose an idea. Designers must make many choices at each stage of the creative process. This is called decision-making, the process of creating, gathering, and evaluating various information to choose from among various opinions.

Decision-making involves determining the core of a problem or deciding which idea is appropriate for the problem among several ideas. The decision-making stage is divided into 1) Recognition, 2) Formulation, 3) Alternative Generation, 4) Information Research, 5) Judgment or Choice, 6) Action, and 7) Feedback.

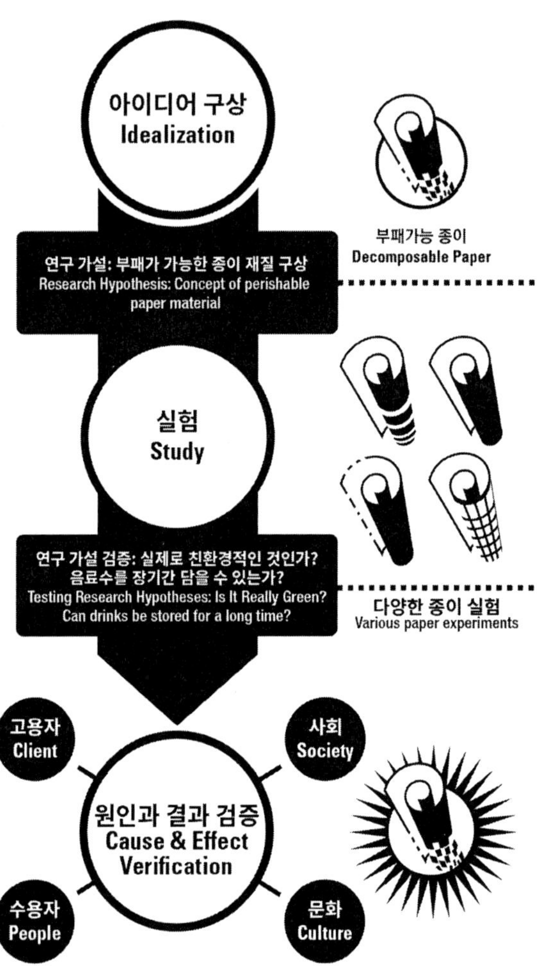
아이디어 구상
Idealization
연구 가설: 부패가 가능한 종이 재질 구상
Research Hypothesis: Concept of perishable paper material
부패가능 종이
Decomposable Paper
실험
Study
연구 가설 검증: 실제로 친환경적인 것인가? 음료수를 장기간 담을 수 있는가?
Testing Research Hypotheses: Is It Really Green? Can drinks be stored for a long time?
다양한 종이 실험
Various paper experiments
고용자
Client
사회
Society
원인과 결과 검증
Cause & Effect Verification
수용자
People
문화
Culture

의사결정 단계 1_인지

의사결정의 첫 단계에서는 결정을 해야 한다는 사실을 깨달아야 한다. 다양한 아이디어가 속출할 때 언제 멈추어야 하는지도 알아야 한다. 디자이너는 지정된 시간을 정하거나 흡족한 아이디어가 나오게 되면 정지해야 한다.

가령 문제에 대한 여러 기본적인 조건(기록)을 인식하고 다양한 아이디어를 구상하는 데에 3시간의 마감 시간을 주고 결정하기로 약속한다. 이렇게 디자인 문제 해결을 위한 아이디어를 선택할 때 마감 시간을 정하는 경우가 많다. 디자인 완성도를 높이기 위해서 많은 시간이 필요하기 때문이다. 오랜 시간을 두고 연구하는 디자인일수록 많은 숙고와 성찰을 거치므로 완성도가 높아진다.

Decision-making Step 1_Recognition

In the first stage of decision-making, it's important to recognize that a decision needs to be made and to know when to stop considering different options. Designers should set a specific time limit or stop when they find a satisfactory idea. For example, they can identify key aspects of a problem, set a 3-hour deadline to generate ideas, and commit to making a decision. Setting a deadline is important when choosing ideas to solve a design problem because spending more time on a design leads to greater completeness through careful consideration and reflection.

Decision-making Step 2_Formulation

During the formal stage, it is important to understand the purpose and value of the decision being made and to thoroughly explore and categorize it. At this point, having an accurate perception of the problem is crucial. Designers play a key role in this process by being aware of the purpose and value of the design for clients, recipients, society, and culture. They then classify the design accordingly, shaping its direction.

For example, in the case of designing an 'eco-friendly beverage package,' during the formative stage, various ideas are generated to create a biodegradable paper material. Experiments are conducted to determine if it is indeed eco-friendly and capable of preserving beverages for an extended period. Additionally, the impact of this package design on clients, recipients, society, and culture is evaluated.

Decision-making Step 3_Alternative Generation

A value set is a group of options that must be considered. Designers play a crucial role in decision-making by synthesizing and reorganizing information. They consider the value set based on the design's worth.

For instance, in the context of 'eco-friendly beverage package design,' if choosing a perishable paper material design, the value set involves questions like 'Is the package eco-friendly?' and 'Can it effectively contain beverages for an extended period?'

의사결정 단계 2_형식

형식 단계에서는 결정 상태의 목적과 가치를 분별하여 그것을 탐구하고 분류하는 단계이다. 이때 문제에 대한 정확한 지각 능력이 필요하다. 디자이너는 디자인의 목적과 가치인 클라언트, 수용자, 사회, 문화 등을 의식하고 이에 따른 분류를 수행한다. '친환경적인 음료수 패키지디자인'의 경우, 형식의 단계에서는 부패가 가능한 종이 재질을 고안하기 위해 여러 아이디어를 구상하고, 실제로 친환경적인 것인지와 음료수를 장기간 동안 담을 수 있는지 등을 실험을 통해 탐구한다. 또한 이 패키지 디자인이 클라언트, 수용자, 사회, 문화에 어떤 영향을 주는지 알아본다.

의사결정 단계 3_대안 발생

가치 세트$_{\text{Consideration Set}}$란 의사결정시 고려해야 하는 대안들의 묶음으로 결정을 보조해 준다. 이를 위해 디자이너에게는 정보를 종합하고 재편성하는 능력이 필요하다. 이 때 디자이너는 가치 세트를 디자인의 가치에 맞추어 고려한다.

'친환경적인 음료수 패키지디자인'의 경우, 부패가 가능한 종이 재질 디자인을 결정하는 과정에서 가치 세트는 '친환경적인 패키지인가'와 '음료수를 장기간 동안 담을 수 있나'의 문제로 주어진다.

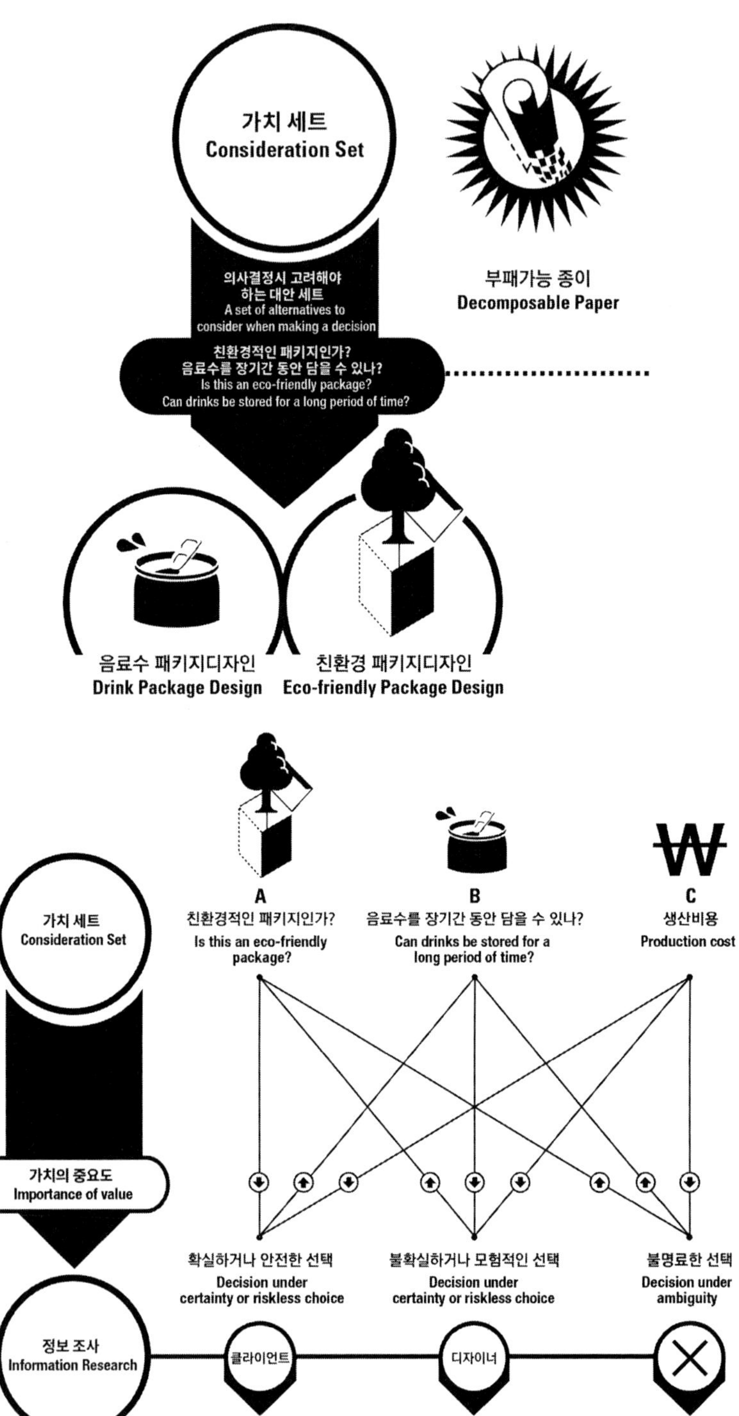

가치 세트
Consideration Set
의사결정시 고려해야
하는 대안 세트
A set of alternatives to
consider when making a decision
친환경적인 패키지인가?
음료수를 장기간 동안 담을 수 있나?
Is this an eco-friendly package?
Can drinks be stored for a long period of time?
부패가능 종이
Decomposable Paper
음료수 패키지디자인
Drink Package Design
친환경 패키지디자인
Eco-friendly Package Design
A
친환경적인 패키지인가?
Is this an eco-friendly package?
B
음료수를 장기간 동안 담을 수 있나?
Can drinks be stored for a long period of time?
C
생산비용
Production cost
가치 세트
Consideration Set
가치의 중요도
Importance of value
확실하거나 안전한 선택
Decision under certainty or riskless choice
불확실하거나 모험적인 선택
Decision under certainty or riskless choice
불명료한 선택
Decision under ambiguity
정보 조사
Information Research
클라이언트
Client
디자이너
Designer

분별 있는 결정을 내리기 위해서는 고려하는 대안의 특성Attributes 이나 성질Properties을 인지하려고 노력해야 한다. 정보조사는 '확실하거나 안전한 선택'decision under certainty or riskless choice, '불확실하거나 모험적인 선택'decisions under uncertainty or risky choice, '불명료한 선택'decision under ambiguity으로 분류된다. 대부분의 클라이언트들은 '확실하거나 안전한 선택'을 추구하지만, 디자이너들은 모두 '불확실하거나 모험적인 선택'을 자주 선택한다. 그리고 클라이언트와 디자이너들은 '불명료한 선택'을 피하고자 한다.

'친환경적인 음료수 패키지디자인'의 경우 부패가 가능한 종이 재질 디자인을 결정하는 과정에서 가치 세트는 'A: 친환경적인 패키지인가'와 'B: 음료수를 장기간 동안 담을 수 있나'이다. 위의 세 가지 종류에 적용하자면, 첫 번째, 확실하거나 안전한 선택의 디자인은 A이지만 B는 아니고 생산비용이 낮은 경우이다. 두 번째, 불확실하거나 모험적인 선택의 디자인은 B이지만 A는 아니며 생산비용이 높은 경우이다. 세 번째, 불명료한 선택의 디자인은 A이고 B이지만 생산비용이 높은 경우이다.

Decision-making Step 4_Information Research

To make a wise decision, it is essential to identify the characteristics or qualities of the options you are evaluating. Information research is categorized into "decisions under certainty or riskless choice," "decisions under uncertainty or risky choice," and "decisions under ambiguity." While most clients prefer "certain or safe choices," designers often opt for "uncertain or risky" choices. Both clients and designers aim to steer clear of "ambiguous choices."

When designing an eco-friendly beverage package, we need to consider whether it is eco-friendly and can preserve the beverage for a long time. We can categorize design choices into three types. The first type involves choosing an eco-friendly design that may only preserve the beverage briefly. This choice has low production costs. The second type is a risky design choice that may preserve the beverage for a long time but could be more eco-friendly and have high production costs. The third type involves unclear design choices that have high production costs and may or may not be eco-friendly or preserve the beverage for a long time.

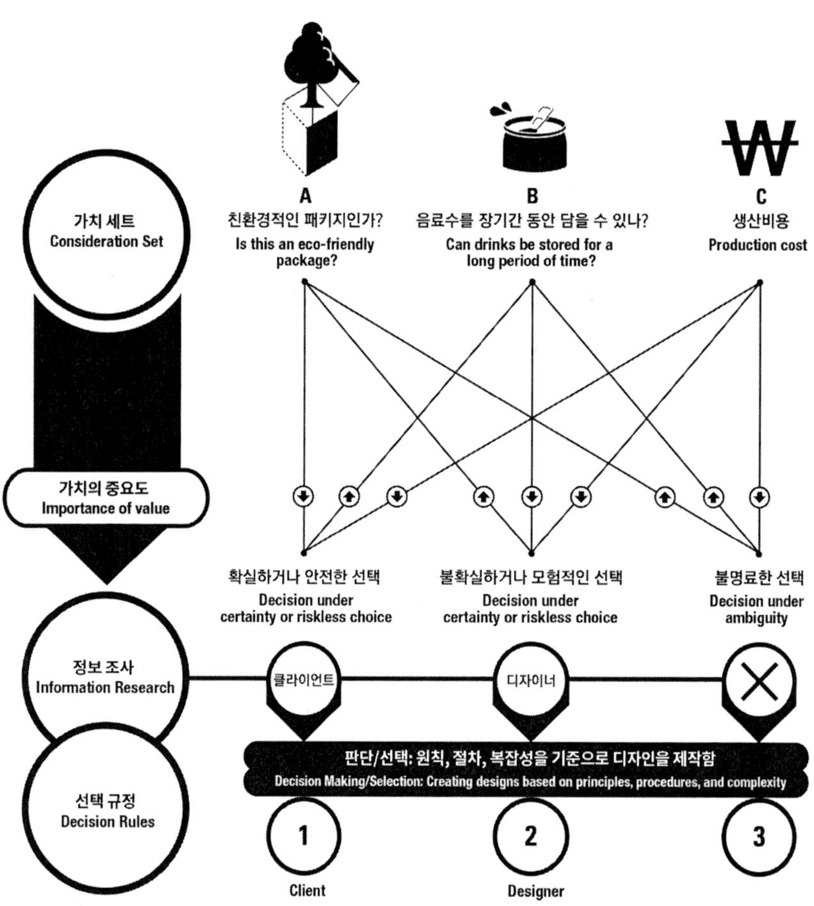
가치 세트
Consideration Set
가치의 중요도
Importance of value
정보 조사
Information Research
선택 규정
Decision Rules
A
친환경적인 패키지인가?
Is this an eco-friendly package?
B
음료수를 장기간 동안 담을 수 있나?
Can drinks be stored for a long period of time?
C
생산비용
Production cost
확실하거나 안전한 선택
Decision under certainty or riskless choice
불확실하거나 모험적인 선택
Decision under certainty or riskless choice
불명료한 선택
Decision under ambiguity
클라이언트
디자이너
판단/선택: 원칙, 절차, 복잡성을 기준으로 디자인을 제작함
Decision Making/Selection: Creating designs based on principles, procedures, and complexity
1
2
3
Client
Designer

판단Judgment이나 선택Choice은 단 한 개의 대안이나 특성을 반응에 필요한 라벨을 지어 비교하는 것이다. 이런 라벨은 일반적 원칙, 절차, 복잡성에 의한 선택 방법Decision Rules에 따라 결정한다.

'친환경적인 음료수 패키지디자인'의 경우, 부패가 가능한 종이 재질 디자인을 결정하는 과정에서 가치 세트는 'A: 친환경적인 패키지인가'와 'B: 음료수를 장기간 동안 담을 수 있나'이다. 첫 번째 디자인은 A이지만 B는 아니지만 생산비용이 낮고, 두 번째 디자인은 B이지만 A는 아니며 생산비용이 높고, 세 번째 디자인은 A이고 B이지만 생산비용이 높은 경우로 세 디자인의 특성을 나눌 수 있다. 그리고 선택 방법은 처음 시장에 소개하는 패키지디자인에 대한 고려에 달려 있다.

Decision-making Step 5_Judgment/Choice

When making a judgment or choice, only one alternative or characteristic is compared by labeling it as necessary for a response. These labels are determined based on general principles, procedures, and decision rules based on complexity.

In the case of "eco-friendly beverage package design," when deciding on a perishable paper material design, the values to consider are "A: Is the package eco-friendly?" and "B: Can the beverage be contained for a long time?" The characteristics of the three designs can be divided as follows: the first design is A but not B and has low production costs; the second design is B but not A and has high production costs; and the third design is both A and B but has high production costs. Additionally, the selection method depends on considering the package design first introduced to the market.

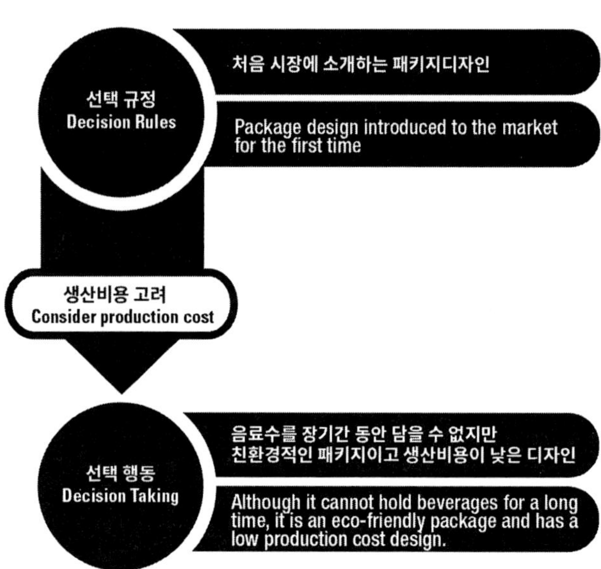
처음 시장에 소개하는 패키지디자인
선택 규정
Decision Rules
Package design introduced to the market for the first time
생산비용 고려
Consider production cost
음료수를 장기간 동안 담을 수 없지만
친환경적인 패키지이고 생산비용이 낮은 디자인
선택 행동
Decision Taking
Although it cannot hold beverages for a long time, it is an eco-friendly package and has a low production cost design.

의사결정 단계 6_행동

정신적으로 선택을 하고 행동으로 옮기는 단계이다. 다른 용어로는 선택 행동 Decision Taking이라고도 한다. 이 때 디자이너는 문제에 대한 지각능력과 정보를 종합하고 재편성하는 능력이 있어야 한다.

'처음 시장에 소개하는 패키지디자인'이라는 선택 방법을 사용하여 생산비용을 고려하였다. 그래서 '친환경적인 음료수 패키지디자인'을 결정하는 과정에서 선택 행동은 '음료수를 장기간 동안 담을 수 없지만 친환경적인 패키지이고 생산비용이 낮은 첫 번째 디자인'을 선택하는 것이다.

Decision-making Step 6_Action

This stage involves making a mental choice and taking action, also known as decision-making. During this phase, the designer must be able to identify the problem, synthesize information, and reorganize it. Production costs were considered using the "package design introduced to the market for the first time" selection method. Therefore, when deciding on an "eco-friendly beverage package design," the selected action is to choose the "first design that cannot contain beverages for a long time, but is an eco-friendly package and has low production costs."

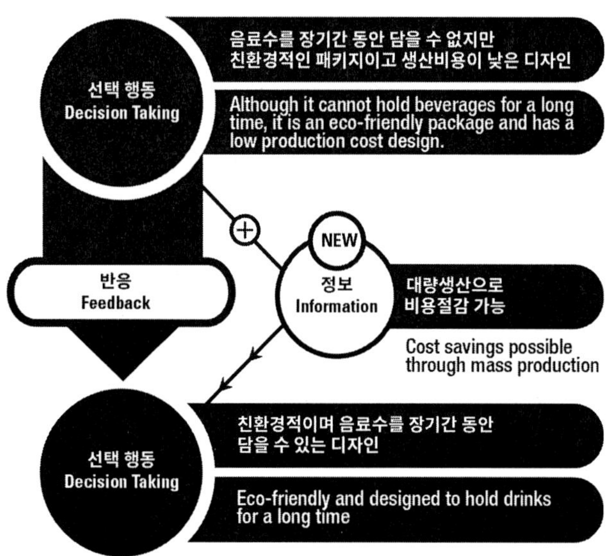
음료수를 장기간 동안 담을 수 없지만
친환경적인 패키지이고 생산비용이 낮은 디자인
선택 행동
Decision Taking
Although it cannot hold beverages for a long time, it is an eco-friendly package and has a low production cost design.
반응
Feedback
NEW
정보
Information
대량생산으로
비용절감 가능
Cost savings possible through mass production
친환경적이며 음료수를 장기간 동안
담을 수 있는 디자인
선택 행동
Decision Taking
Eco-friendly and designed to hold drinks for a long time

의사결정 단계 7_반응

선택 행동 이후 행동에 따른 새로운 정보를 처리한다. 지식을 가능케 하는 데에 기존의 선택 방법과 인식을 변화시킨다. 여기서도 디자이너는 정보를 종합하고 재편성하는 능력이 있어야 한다.

'친환경적인 음료수 패키지디자인'을 결정하는 데에 있어 선택 행동은 음료수를 장기간 동안 담을 수 없지만 친환경적인 패키지이고 생산비용이 낮은 첫 번째 디자인을 선택하였는데, 대량 생산이 가능하여 생산 비용을 절감할 수 있다는 정보를 얻은 후에는 세 번째 디자인인 친환경적이며 음료수를 장기간 동안 담을 수 있는 패키지디자인을 선택한다.

이렇게 콘셉트에서 문제에 대한 지각 능력과 정보를 종합하고 재편성하는 디자이너의 능력은 올바른 의사결정을 하는 데에 중요하게 적용된다. 길포드가 제시한 창의력을 도와주는 능력은 선택의 과정에서도 유용하게 활용되고 있다. 이는 결국 창의력이 풍부한 디자이너가 올바른 선택을 한다는 사실을 입증한다.

Decision-making Step 7_Feedback

After selecting, new information is processed based on the chosen action. It is essential to adjust existing choices and perceptions to gain new knowledge. When deciding on an "eco-friendly beverage package design," the initial design was chosen because it is an eco-friendly option with low production costs, even though it cannot hold beverages for extended periods. However, after gathering more information, the decision was made to choose the third design, which is also eco-friendly but can hold beverages for a long time. This demonstrates the designer's ability to identify issues and synthesize and reorganize information to make the right decision. Furthermore, Gilford's ability to enhance creativity is helpful in the selection process, ultimately showing that creative designers make informed choices.

준비 단계에는 정보, 경험, 자원 수집이 포함된다. 목표는 창의성의 기반이 되는 풍부한 지식 저장소를 구축하는 것이다.

The preparation stage involves gathering information, experiences, and resources. The goal is to build a rich repository of knowledge that serves as the foundation for creativity.

디자인과 문제해결과의 상호관계

Interrelationship between design and problem-solving

디자인 과정에는 문제 정의, 아이디어 탐구, 최적의 솔루션 구현을 통해 사용자의 요구와 욕구를 충족하는 새로운 제품, 시스템, 서비스 또는 경험을 만드는 것이다.

The design process involves defining a problem, exploring ideas, and implementing optimal solutions to create a new product, system, service, or experience that meets the needs and desires of users. Or it involves creating an experience.

Image
by Albert Young Choi

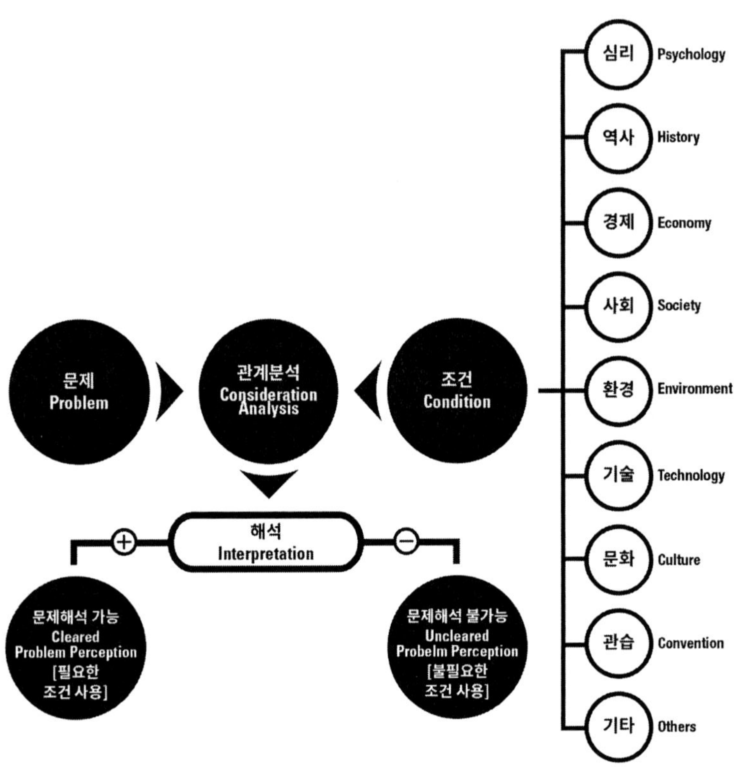

문 제 Problem	문 제 해 결 Problem-solving
모든 문제는 하나 이상의 해석이 가능하다 Every problem has more than one interpretation.	모든 콘셉트는 하나 이상의 해석이 가능하다 Every concept is capable of more than one interpretation.
문제와 문제의 요소의 관계 인식 Recognize the relationship between a problem and its elements	문제와 문제의 요소에 대한 의미부여 Giving meaning to the problem and its ele-ments
다양한 문제 various problems	비창의적인 콘셉트 Sensible concept
기록과 기록의 관계 Relationship between records and records	문제를 풀 수 있는 준비 단계 Preparatory steps to solve a problem
고 효과적인 기록(문제) High-strength Records (Problems)	쉽게 기억할 수 있는 기록 Records that are easy to remember
저 효과적인 기록(문제) Low-strength Records (Problems)	새로운 기록이나 기억나지 않는 기록 New records or unremembered records

던커Duncker에 의하면 "문제는 목적을 달성하려고 하지만 어떻게 목적을 달성할지 모르는 상태"라고 정의된다. 문제의 목적은 해결과 콘셉트에 있다. 창의력 과정의 준비단계에서 문제에 대한 지각 능력을 통해 목적을 달성하지 못하는 상태를 인식하게 된다. 문제해결을 위해 문제에 관련된 정보들이 조사되고, 이런 정보들은 체계화되어야 한다. 그리고 이것은 창의적 과정의 영감단계에서는 목적을 달성할 수 있는 가능성 있는 아이디어로 변화한다. 그러므로 문제는 다양한 해석이 필요하다.

모든 문제는 하나 이상의 해석이 가능하다. 심리, 역사, 경제, 사회, 환경, 기술, 문화, 관습이 감추어져 있거나 때로는 그것들이 실타래처럼 얽혀 있다. 따라서 여러 문제가 한꺼번에 모습을 드러내면, 목표로 정해 해결해야 할 '완벽한' 문제가 무엇인지 결정하기 힘들다. 또한 다음의 비약적 혁신으로 이어질 핵심 문제가 무엇인지를 찾아내는 것도 쉽지 않다. 문제는 인간의 다양한 조건과 연결되어 있으므로, 문제와 인간 조건의 관계를 분석하면 이를 해석할 수 있다. 이처럼 인간의 다양한 조건이 불필요하게 추가되어 문제가 문제를 합산한다. 이런 경우 문제는 더 이상 해결할 수 없게 된다.

Understanding of the Problem

According to Duncker, a problem is striving for a goal without knowing how to achieve it. The purpose of a problem is to find a solution. In the preparatory stage of the creative process, one becomes aware of the problem by perceiving the inability to achieve the goal. To solve a problem, it is crucial to research and systematize information related to the problem. This research is the key to transforming the problem into a potential idea that can achieve the goal, as seen in the inspiration stage of the creative process. Hence, a problem necessitates the value of diverse interpretations, each bringing a unique perspective.

Every issue can be interpreted in multiple ways. Psychology, history, economy, social, environmenta, technology, culture, and customs are interconnected like threads. Therefore, when several problems arise simultaneously, it is challenging to identify the most critical issue. Furthermore, identifying the root problem leading to a breakthrough takes work. Since problems are linked to various human conditions, they can be analyzed by examining the relationship between the problems and human conditions. This often leads to unnecessary complexity. In such cases, the problem becomes more challenging to solve.

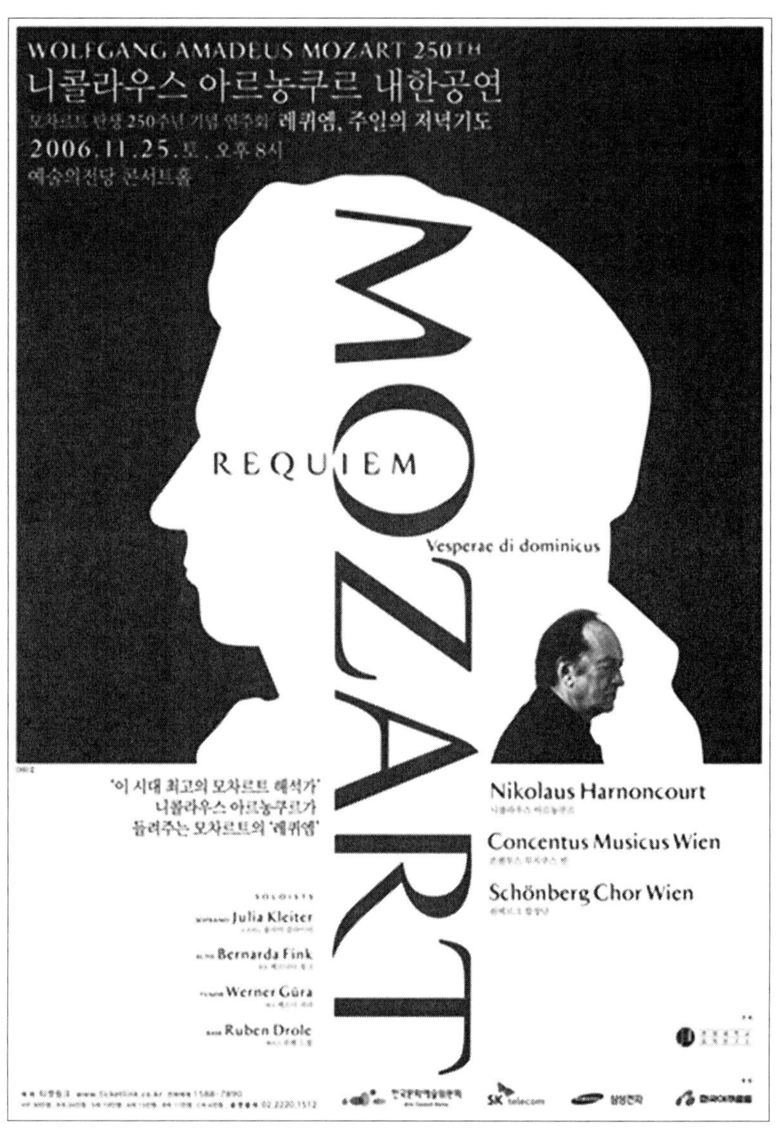

모짜르트 탄생 250주년 기념
니콜라우스 아르농쿠르 내한공연
국제행사포스터
서체 및 포스터 디자인 : 최알버트영

Celebrating the 250th anniversary of Mozart's birth
Nicolaus Harnoncourt concert in Korea
International event poster
Font and poster design: Albert Young Choi

국제 음악회를 위한 행사 포스터 디자인의 문제는 '국제 음악회'이다. 그런데 만약 문제를 '국제 음악회, 서울, 연주자'라 하면 행사 포스터에 필요한 콘셉트는 불투명해진다. 이 행사의 단일 문제인 '국제 음악회'는 인간의 심리, 역사, 경제, 사회 조건, 환경 변화, 기술, 문화 등을 다루며, 이에 따른 일정한 관계를 구성할 수 있다. 이런 관계는 국제 음악회라는 문제를 풀 수 있는 아이디어의 실마리를 주고, 나아가 적합한 콘셉트를 개발할 수 있게 한다. 그러나 '국제 음악회, 서울, 연주자'라는 세 가지 문제를 동시에 인식할 때 인간의 심리, 역사, 경제, 사회 조건, 환경 변화, 기술, 문화의 관계는 매우 복잡하고 부적당한 메시지가 전달되므로 비창의적인 콘셉트가 될 가능성이 크다.

다카하시 마코토는 '문제란 이상과 현실의 차이'라고 한다. 그가 말하는 '이상'은 '해결해야 하는 목표'이고, '현실'은 문제 해결 과정을 거쳐 결국 현상을 개선하는 결과를 가져온다는 것이다. 창의적 과정에서는 문제와 관련된 요소인 인간의 심리, 역사, 경제, 사회 조건, 환경 변화, 기술, 문화도 함께 인식해야 한다. 이런 요소들은 시각코드나 언어코드로서 저장된 기록이고, 고효과적 기록이어야 영감단계에서 유용하게 사용될 수 있다. 또한 이런 기록들은 서술지식에 의한 개념지식이어야 한다.

The challenge of designing event posters for international concerts lies in the complexity of addressing multiple aspects simultaneously. When focusing solely on the international concert itself, there are various factors such as human psychology, history, economy, social conditions, environmental changes, and technology that need to be considered to develop suitable concepts. However, when adding the location (Seoul) and the performers into the mix, the relationships between these factors become even more intricate. This complexity can lead to the delivery of inappropriate messages and hinder the creation of a coherent concept for the poster.

Makoto Takahashi emphasizes the challenge of reconciling ideal goals with real-world constraints. In the creative process, various factors must be considered, such as human psychology, history, economy, social conditions, environmental changes, technology, and culture. These elements are recorded as visual or language codes and should serve as effective sources of inspiration. Furthermore, these records should be based on conceptual knowledge derived from descriptive knowledge.

It is important to understand the process of problem awareness in the context of designing posters for international concert events. According to Takahashi Marcotte, this process involves clarifying the problem, examining its status, and considering potential solutions. It plays a crucial role in addressing the challenges specific to this design context.

The problem in designing event posters for international concerts is the international aspect itself. In addition, we need to consider various factors related to international concerts, such as human psychology, history, economy, social conditions, environmental changes, technology, and culture. By documenting international concerts in a comprehensive manner, we can connect these elements to create knowledge. This involves investigating and recording visual and language codes based on the relationship between these problem elements.

These methods help in gaining a clear understanding of the problem and enable creative consideration of solutions. It is essential to prioritize the correct recognition of objects or events in order to ask appropriate questions that provide clues to problem-solving. This is because the understanding of an object can vary depending on the viewer's perception.

Alex F. Osborn of the United States developed brainstorming as a creative problem-solving method. It is a group ideation process conducted under the premise that judgment and criticism of ideas are prohibited. While group brainstorming is more efficient than individual methods, it requires a significant time investment and its effectiveness depends on the members' knowledge. Brainstorming occurs during the inspiration stage of the creative process and aims to pursue unexpected ideas and facilitate efficient brainstorming. To achieve this, each member must have a variety of perspectives and a good understanding of the problem.

또한 다카하시 마코트는 '문제의식 과정'을 "뭔가 문제가 있다고 느끼면 문제를 명확히 한다. 그 다음 문제는 무엇인가, 그 문제의 현황은 어떠한가, 그리고 어떤 해결책이 고려될 수 있는가를 검토해 문제를 보다 철저하게 인식한다."고 지적했다.

국제 음악회를 위한 행사 포스터 디자인의 문제는 '국제 음악회'이다. 여기서 국제 음악회라는 문제와 관련된 요소인 인간의 심리, 역사, 경제, 사회 조건, 환경 변화, 기술, 문화도 함께 인식해야 한다. 그리하여 국제 음악회라는 기록을 일대일 방식으로 기록으로써 문제 요소인 인간의 심리, 역사, 경제, 사회 조건, 환경 변화, 기술, 문화 등과 연결하여 지식으로 만든다. 이 가운데 문제와 문제의 연결에 의한 시각코드와 언어코드를 조사하여 저장한다.

위의 방법은 문제를 명확하게 파악할 수 있게 도와주며, 또한 문제에 대한 해결책을 창의적으로 고려하게 한다. 문제 해결에 실마리가 되는 적절한 질문을 끌어내기 위해서는 무엇보다 사물이나 사건 등에 대한 올바른 인식이 우선시되어야 한다. 왜냐하면 사물의 개념은 바라보는 사람이 어떻게 인식하느냐에 따라 달리 파악될 수 있기 때문이다.

미국의 아렉스 오즈본Alex F. Osborn은 창의적인 문제해결 방법의 하나로, 그룹에 의한 아이디어 구상 방법인 브레인스토밍Brainstorming을 고안하였다. 브레인스토밍 과정은 아이디어에 대한 판단과 비판은 금지한다는 기본 전제하에서 이루어진다. 이 방법은 그 동안 여러 분야에서 활발하게 사용되었다. 개인적인 방법에 비해 그룹에 의한 브레인스토밍이 효율적이기는 하지만, 오랜 시간을 투자해야 하며, 멤버들의 지식에 따라 그 효율성이 좌우된다는 단점도 있다. 브레인스토밍은 창의적 과정의 영감 단계에서 이루어지는 방법이다. 불시적인 아이디어를 추구하고 능률적인 브레인스토밍을 권장하려면 각 멤버들마다 다양한 기록들을 보유해야 하고 문제에 대한 충분한 이해력을 갖고 있어야 한다.

디자인은 결과물을 통해 문제해결을 하며, 디자이너는 문제해결을 위해 지식을 확장한다. 캘리포니아 주립대학교 플러튼 예술대 학장인 제리 새무얼슨Jerry Samuelson은 디자인 문제해결 방안을 다음과 같이 여섯 가지 방법으로 나누고 있다.

Samuelson 디자인 문제해결 Design Problem-solving	정 의 Definition	방 법 Method	창의력 과정 Creative Process
문제 인식 Recognition of the problem	문제 인식 Problem recognition	문제의 세부 요소와 제한 인식 Recognize the details and limitations of the problem	준비단계 Preparation Stage
자발적인 시도 Spntaneous Trials	아이디어 구상 Ideation	시각적인 방법: 스케치 언어적인 방법: 브레인스토밍 Visual Method: Sketching Verbal Method: Brainstorming	영감단계 Illumination Stage
조 사 Research	매체 응용 Media application	인터넷, 잡지, 서적 등등 Internet, magazines, books, etc.	준비단계 Preparation Stage
해 명 Crarification	아이디어 선정 Idea selection	부적합한 아이디어: 배제 적합한 아이디어: 사용 Ineligible idea: excluded Good Idea: Use	검증단계 Verification Stage
정 련 Refinement	아이디어 시각화 Idea visualization	스케치 프로토타입 Sketches Prototype	검증단계 Verification Stage
해 결 Resolution	디자인 결과물 Design results	인쇄, 웹호스팅, 앱 Printing, web hosting, apps	

According to Jerry Samuelson, the dean of the College of Art at California State University Fullerton, design problem-solving methods are divided into six categories.

문제를 인식하는 데에 있어서 구체적인 문제의 세부 요소와 한계를 인식해야 한다.

국제 음악회를 위한 행사 포스터 디자인의 문제는 '국제 음악회'이다. 그러므로 문제와 관련된 구체적인 문제의 세부 요소인 인간의 심리, 역사, 경제, 사회 조건, 환경 변화, 기술, 문화를 국제 음악회에 연결하여 탐구하고 여러 조건들을 만들어야 한다.

여기서 말하는 문제 인식 방법은 창의적 과정에서의 준비 단계에 해당하며, 디자이너는 문제를 지각하기 위해서 문제에 관련된 정보를 종합하고 재편성하여야 한다. 이렇게 만들어진 기록은 대부분 저효과적 기록인데 문제와 문제의 요소들을 연결해 주는 단서들에 의해 고효과적 기록으로 발전할 수 있다.

Design Problem-solving Step 1_Problem Recognition

When identifying a problem, it is important to understand the specific elements and constraints of the problem.

The issue at hand is designing an event poster for an international concert, so it is essential to consider various factors such as human psychology, history, economy, social conditions, environmental changes, technology, and culture as they relate to international concerts.

The method of problem recognition is crucial in the creative process and is part of the preparation stage, where the designer synthesizes and reorganizes information related to the problem. This process helps the designer to better understand the problem, even if the initial insights are not very effective. By providing connections between the problem and its elements, these insights can be developed into highly effective ones.

Design Problem-solving Step 2_Spontaneous Trials

The method of voluntary attempts in design problem-solving is divided into two approaches: a visual approach, which utilizes thumbnail sketches, and a verbal approach, which involves brainstorming to generate ideas. This method often allows designers to relax their minds according to their physical conditions. The incubation phase of the creative process frequently employs voluntary attempts. Furthermore, this method serves as an enlightenment stage where sudden ideas can emerge during the creative process.

Creative minds consistently produce surprising and innovative concepts. Hausman analyzed that concepts are necessary to generate creative thoughts. His research question, encapsulated in the paradoxical statement, "How can one truly conceive of a creative idea?" led him to conclude that creativity involves guiding one through aesthetic methods to create something unknown. For example, a designer might arrive at a desired design idea through various sketches. Emerging new or unexpected ideas characterize this method during the ideation process.

Designers devote significant effort to generating many valuable ideas. They store various records in visual and verbal codes when recognizing a problem and use sketching and brainstorming methods as voluntary attempts. Most designers prefer the visual method of sketching over the verbal method of brainstorming when conceiving ideas because the right brain, which designers develop more, handles non-verbal content. On the other hand, most writers with a more developed left brain handle verbal content and logical thinking, thus preferring brainstorming over sketching. This content also motivates the development of the core concept of this study, "Design Conceptor." In design, the sketching method is referred to as a thumbnail sketch. Designers must quickly, briefly, and clearly draw their ideas when developing ideas through sketching.

Designers conceive ideas by connecting records of the problem with existing or new records. The sketching method combines the visual codes of stored records to create a new visual code, such as that of an international music festival. Important knowledge includes descriptive and conceptual knowledge through records. Meanwhile, procedural and episodic knowledge are less critical than descriptive and conceptual knowledge but can help in the sudden conception of ideas.

자발적인 시도 방법은 시각적인 방법인 간략한 스케치thumbnail sketch 방법과 언어적인 방법인 브레인스토밍 방법으로 나누어 아이디어를 구상하는 것이다. 디자인에서의 문제해결 방법에서는 언제나 디자이너의 육체적인 조건에 따라 정신을 휴식하게 하므로, 창의적 단계의 잠복 단계는 자주 자발적인 시도 방법에 서 사용된다. 또한 자발적인 시도 방법은 창의적 과정에서 불시적인 아이디어를 구상할 수 있는 계몽 단계이기도 하다.

창조적인 정신은 언제나 의외롭고 혁신적인 콘셉트를 돌출한다. 하우즈만Hausman은 콘셉트 없이는 창의적인 생각을 해낼 수 없다고 분석하였다. 그는 패러독스적인 문장인 '어떻게 진정한 창의적인 아이디어를 창안할 수 있나?'를 연구 문제로 삼고 연구한 결과, 창조력은 알 수 없는 부분이고 미적인 방법으로 무엇을 창조할 수 있도록 안내해야 한다고 말한다. 즉 가령 디자이너가 여러 스케치를 거치면서 원하는 디자인 아이디어에 도달할 경우를 말한다. 이런 방법은 아이디어를 창안하는 과정에서 새로운 아이디어나 예기치 않은 아이디어가 돌출할 수 있다는 특성이 있다.

여기서 디자이너는 많은 유용한 아이디어를 창출하는 데에 심혈을 기울인다. 디자이너는 문제 인식에 있어 여러 기록들을 시각코드와 언어코드로 저장하고, 자발적인 시도 방법으로는 스케치 방법과 브레인스토밍 방법을 사용한다. 대부분의 디자이너들은 아이디어를 구상할 때, 언어적인 방법인 브레인스토밍보다는 시각적인 방법인 스케치를 많이 사용하고 있다. 디자이너는 비언어적인 내용을 다루는 우측뇌가 발달했다고 볼 수 있기 때문이다. 좌측뇌가 발달한 대부분의 작가들은 언어적인 내용과 논리적인 사고를 다루기 때문에 스케치 방법보다는 브레인스토밍 방법을 사용한다. 이 내용은 본 연구의 핵심인 "디자인 콘셉토"가 개발된 동기이기도 하다. 디자인에서 스케치 방법은thumbnail sketch라고 한다. 스케치 방법으로 아이디어를 전개할 경우 디자이너는 신속하고 간략하면서 명확하게 본인의 아이디어를 그려야 한다.

디자이너는 문제에 대한 기록들을 기존의 기록이나 새로운 기록과 연결하여 아이디어를 구상한다. 스케치 방법은 저장된 기록들의 시각코드를 취합하여 국제 음악회라는 새로운 시각코드를 만든다. 이때 중요한 지식은 서술지식과 개념지식에 의한 기록이다. 한편 절차지식과 에피소드지식은 서술지식과 개념지식보다는 중요하지 않지만 불시적인 아이디어 구상을 도와줄 수 있다.

Design Problem-solving Step 3_Research

In design problem-solving, conducting various types of research before ideation enhances the quality of concepts. Most research is used as a voluntary attempt to gather more information that has not been documented. However, if no creative ideas emerge from voluntary attempts, the necessary content is further investigated. Comprehensive research provides a wealth of knowledge, which serves as a foundation for idea generation. This extensive research can be achieved through various media. While most people use internet searches, comprehensive research must be conducted in collaboration. It should encompass information from the internet, books, academic papers, magazines, newspapers, interviews, and statistics. The new information is initially connected with existing knowledge and transformed into knowledge. The transformed knowledge then serves as a foundation for new ideas and is recorded for future reference.

For example, various media are used to investigate specific elements of the problem related to an international music festival, such as human psychology, history, economic conditions, social conditions, environmental changes, technology, and culture. The records from this research are connected to the problem of the international music festival, generating new knowledge and records.

Design Problem-solving Step 4_Clarification

When selecting ideas, unsuitable ones are excluded while suitable ones are utilized. Decision-making is crucial in problem-solving because the outcome can vary depending on what is decided. Judgments and choices are possible through information investigation and responses, but decision-making only occurs when these are translated into action choices. Designers must make correct and wise decisions. Additionally, since one idea must be chosen from many, designers must have superior perception abilities regarding the problem and the ability to synthesize and reorganize information.

In recognizing the problem related to an international music festival, sufficient information is researched, new information is created according to the problem, and various ideas are generated. During the idea selection process, the selection format is defined, decisions are made, and the selected ideas are reviewed based on existing information. Afterward, they are refined and visually expressed.

디자인 문제해결 단계 3_조사

디자인 문제해결에 있어 아이디어를 구상하기 전에 다양한 조사를 실시하여 콘셉트의 질을 높이게 한다. 대부분 조사는 자발적인 시도 방법으로 활용되어, 기록에 없는 정보를 더 많이 확보하고자 한다. 그렇지만 자발적인 시도 방법에서 창의적인 아이디어가 없을 경우에는 필요한 내용에 대한 조사가 다시 시도된다. 충분한 조사는 많은 지식을 공급하며, 이런 지식은 아이디어 구상을 위한 기록으로 남는다. 충분한 조사는 여러 매체를 통해 가능하다. 대부분의 사람들은 인터넷 검색을 활용한다. 하지만 충분한 조사는 인터넷으로만 이루어질 수 없다. 그것은 인터넷, 책, 논문, 잡지, 신문, 면접, 통계 등을 통해 포괄적으로 얻어진 정보이어야 한다. 먼저 이런 새로운 정보들은 기존의 지식과 연결하여 지식으로 변환된다. 그리고 변환된 지식은 기록으로 남고 다시 이 기록들은 문제와 연결되어 새로운 기록을 만든다.

국제 음악회에 관련된 구체적인 문제의 세부 요소인 인간의 심리, 역사, 경제, 사회 조건, 환경 변화, 기술, 문화 등을 여러 매체에서 조사한다. 조사한 이 기록들은 다시 국제 음악회라는 문제와 연결되어 새로운 지식과 기록을 만든다.

디자인 문제해결 단계 4_해명

아이디어를 선정하는 데에 있어 문제에 적합하지 않은 아이디어는 배제하고 적합한 아이디어는 사용한다. 문제 해결에 있어서 의사결정은 매우 중요하다. 무엇을 결정하느냐에 따라 결과물이 다르게 나올 수 있기 때문이다. 판단과 선택은 정보 조사와 반응에 의해 가능하지만 이것이 행동선택으로 옮겨져야만 의사결정이 이루어진다. 디자이너는 올바르고 현명한 의사결정을 하여야 한다. 또한 수많은 아이디어들 중에서 하나를 선택해야 하기 때문에 그는 문제에 대한 지각 능력과 정보를 종합하고 재편성하는 능력이 남보다 투철해야 한다.

국제 음악회에 대한 문제를 인식하여 충분한 정보 조사를 하고 문제에 맞추어 새로운 정보를 만들고, 자발적인 시도인 스케치 방법(시각적인 방법)과 브레인스토밍(언어적인 방법)을 사용하여 다양한 아이디어를 구상한다. 아이디어를 선택하는 과정에서 선택의 형식을 규정하고 의사결정을 하고, 선택된 아이디어는 다시 기존의 정보를 바탕으로 반응을 확인한 후, 정련 방법을 거쳐 시각적으로 표현된다.

Design Problem-solving Step 5_Refinement

During the refinement stage, designers visually express the selected idea by aligning visual elements, design process, materials, and design capabilities with their style. In the design research process, visual research of the idea follows the sequence of 'sketch, prototype, final product.' As the design progresses toward the final product, the quantity of visual expression should decrease while the quality improves through the clarification process. If the volume of visual expression increases as the design process advances, problem-solving will not be achieved, and new problems will arise. If the visual expression does not suit the problem-solving, the stage should be repeated, the previous stage should be analyzed, and alternatives prepared. Visual expression can constantly be revised until the final product is completed.

Design Problem-solving Step 6_Resolution

The design outcome must convey the original idea. However, during the design production process, the intended effect of the idea can be altered. Only by completing the design outcome can problem-solving in design be fully achieved. The design production process is the final stage of design, where a medium directly interacting with the audience is created. For instance, packages or books are realized as design outcomes through printing, and websites are completed through web hosting. The result of an event poster for an international music festival can vary depending on the chosen print shop and printing method. Thus, designers must supervise printing to ensure quality.

Samuelson's six methods for design problem-solving, a comprehensive approach, indicate that using only one method will not resolve design problems. These methods must be interchangeable according to their respective conditions. To ultimately approve each method, one must possess the ability to perceive the problem, synthesize information, and reorganize it effectively.

디자인 문제해결 단계 5_정련

선택한 아이디어를 시각적으로 표현하는 방법이다. 이때 디자이너는 시각 요소의 상호 관계, 디자인 과정 처리, 디자인 재료, 디자인 능력을 본인의 스타일에 맞추어 연구한다. 디자인 연구 과정에서 아이디어에 대한 시각적인 연구는 '스케치, 프로토타입, 결과물'이라는 순서로 진행된다. 결과물까지 진행되는 과정에서 해명 방법을 통해 시각적 표현의 양은 줄고 질은 향상되어야 한다. 디자인 프로세스가 진행되면서 시각적 표현의 양이 많아진다면 문제해결은 이루어지지 않고 새로운 문제만 늘어날 것이다. 만약 시각적 표현이 문제해결에 적합하지 않다면 다시 그 단계를 되풀이하거나 그 전 단계를 분석하고 대안을 마련해야 한다. 이처럼 결과물이 나오기 전까지 시각적 표현은 항상 수정될 수 있다.

디자인 문제해결 단계 6_해결

디자인 결과물은 본래의 아이디어를 확실하게 전달하여야 한다. 그런데 디자인 결과물 과정design production에 따라 아이디어를 전달하는 과정에서 의도한 효과가 변질될 수 있다. 디자인에서는 디자인 결과물을 완성해야만 비로소 문제해결을 달성할 수 있다. 디자인 결과물 과정은 디자인의 마지막 단계로서 수용자들에게 직접적으로 접촉할 수 있는 매체를 만드는 과정이다. 패키지나 책은 인쇄라는 방법을 통해 디자인 결과물로 탄생한다. 웹사이트는 웹호스팅을 통해 디자인 결과물로 탄생한다. 국제 음악회를 위한 행사 포스터는 어느 인쇄소를 선택하고 어떻게 인쇄했느냐에 따라 결과물이 달라진다. 그러므로 디자이너들은 인쇄를 할 때 반드시 감리를 실시할 필요가 있다.

새무엘슨이 주장한 디자인 문제해결에 관한 여섯 가지 방법 중 어느 한 가지 방법만을 사용해서는 디자인에 대한 문제해결이 이루어질 수 없다. 이 방법들은 나름대로의 조건에 의하여 상호 교환될 수 있어야 한다. 각 방법마다 최종적으로 승인을 하려면 문제에 대한 지각과 정보를 종합하고 재편성하는 능력을 보유해야 한다.

Samuelson's approach emphasizes solving problems through non-verbal and visual methods and focuses on design outcomes as the ultimate solution. However, the advancement of computer technology presents new challenges for designers. In the early 20th century, letterpress printing evolved into automated printing, leading many skilled typographers to leave the design industry. Similarly, the introduction of computers in the mid-1980s required designers to acquire broader skills. While computers facilitate designers' work, they also demand extensive experience and knowledge.

As a result, many foreign design schools have specialized in visual design education, categorizing it into either technology-focused design education or creativity-focused design education. The popularization of computers and design software has made visual problem-solving and design creation accessible to the general public. If design were based solely on aesthetic forms, individuals with non-creative concepts could become designers, potentially diminishing the competitiveness of professional designers, similar to the typographers' fate in the early 20th century.

Traditionally, design education has focused on right-brain activities, but the ability to utilize left-brain functions is now becoming crucial. The left brain's logical thinking and linguistic capabilities can enable designers to tackle new problems and perform rational and scientific analyses. By adopting the problem-solving methods proposed in this study, designers who have emphasized right-brain activities can now develop their left-brain capabilities.

Integrating left-brain and right-brain functions allows for a more comprehensive approach to design problem-solving. Logical analysis combined with creative ideation leads to more robust and innovative design solutions. This balanced approach is necessary in contemporary design, where technical proficiency and creative insight are equally valued.

새무엘슨의 방법은 비언어적인 방법인 시각적인 방법으로 문제를 해결하고자 하며 문제해결을 디자인 결과물에 두고 있다. 현재는 컴퓨터 기술이 발전하면서 디자이너들에게 새로운 도전을 요구하고 있다. 20세기 초반 활자 인쇄술이 자동 인쇄술로 발전되면서 많은 수준 높은 타이퍼그래퍼들이 디자인업계를 떠나야 했다. 80년대 중반 컴퓨터가 소개되면서 이제 디자이너들은 훨씬 더 많은 능력들을 습득해야 한다. 컴퓨터는 디자이너의 작업을 용이하게 해주고 있지만, 이를 위해서는 많은 경험과 지식이 필요하게 되었다. 그러므로 여러 외국 디자인 학교들은 시각디자인을 세분화하여 전문적으로 교육하거나 기술 중심 디자인 교육과 창의력 중심 디자인 교육으로 구분하는 시스템을 운영하고 있다. 이제 컴퓨터와 컴퓨터 디자인 프로그램의 대중화로 인하여 대중도 시각적인 방법으로 문제를 해결하고 디자인 결과물을 만드는 과정에 손쉽게 접근하고 있다. 만약 디자인에서 미적인 형태만을 기준으로 삼는다면 효과적인 메시지가 없는 비창의적인 콘셉트를 소유한 모든 사람들이 디자이너가 될 수 있다. 이런 기준이라면 디자이너는 아마 사라진 20세기 초반의 타이퍼그래퍼처럼 더 이상 경쟁력을 갖지 못할 것이다.

지금까지가 우뇌를 중심으로 한 디자인 교육이었다면, 이제는 좌뇌를 사용할 수 있는 능력이 중요하다. 좌뇌 특유의 논리적인 사고방식과 언어적인 요소는 디자이너로 하여금 새로운 문제해결과 합리적이고 과학적인 분석을 가능하게 도와줄 것이다. 만약 본 연구자가 제시하는 문제해결방법을 사용한다면 그동안 우뇌에 치중했던 디자이너들도 이제 좌뇌를 발달시킬 수 있다고 본다.

명확한 문제 설명은 문제의 원인을 정확히 찾아내고 적절한 해결 방법을 결정하는 데 도움이 되므로 실용적인 솔루션을 찾는 데 매우 중요하다.

A clear problem statement is crucial for finding practical solutions, as it helps pinpoint the issue's cause and determine the appropriate remedy.

문제해결을 위한 문제의 유형과 특성

Types and characteristics of problems for problem-solving

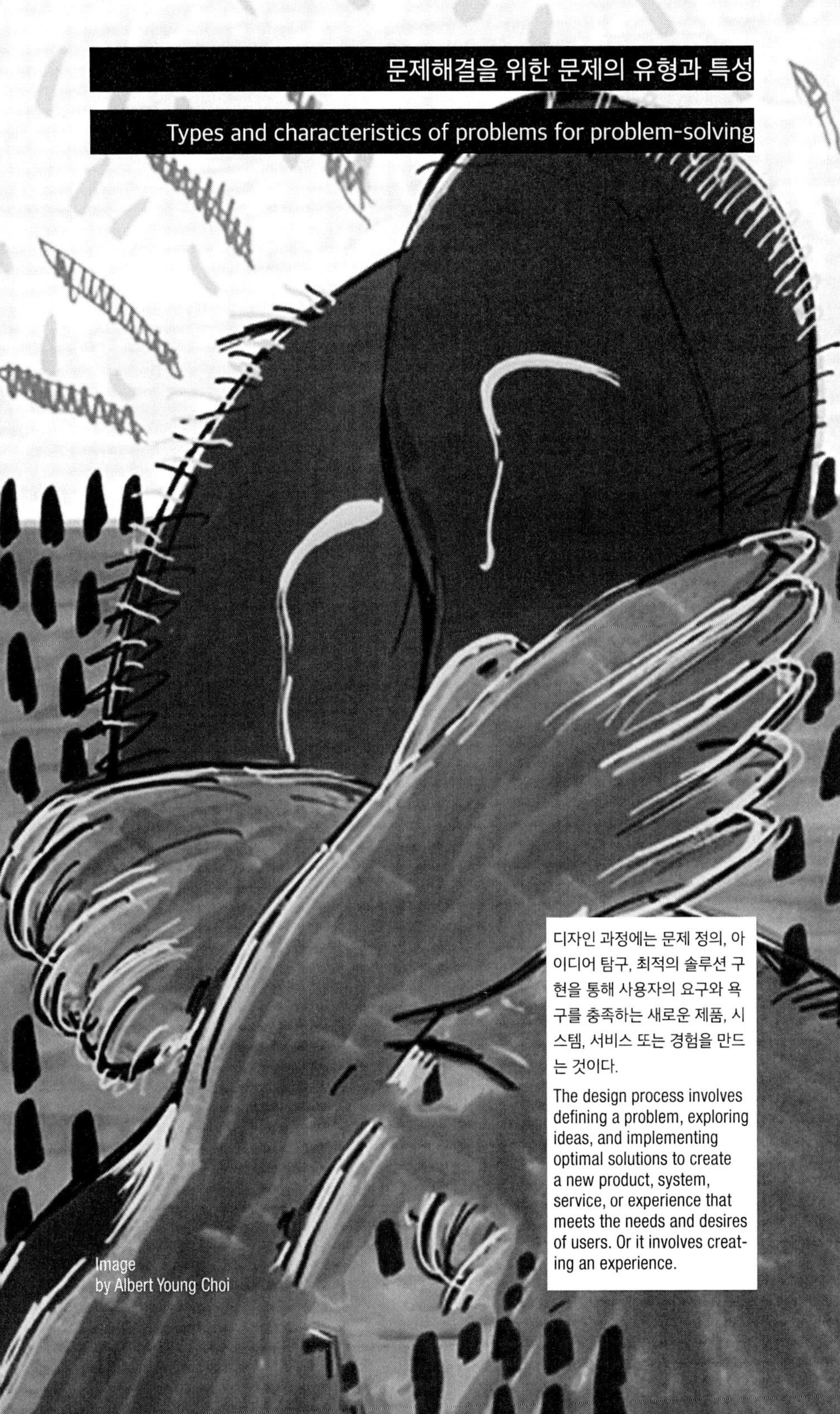

디자인 과정에는 문제 정의, 아이디어 탐구, 최적의 솔루션 구현을 통해 사용자의 요구와 욕구를 충족하는 새로운 제품, 시스템, 서비스 또는 경험을 만드는 것이다.

The design process involves defining a problem, exploring ideas, and implementing optimal solutions to create a new product, system, service, or experience that meets the needs and desires of users. Or it involves creating an experience.

Image
by Albert Young Choi

Understanding the Problem in Creative Problem-solving

Understanding the nature of a problem is essential to effectively solving it. Every problem can have multiple interpretations, but tackling too many problems simultaneously can hinder creative thinking. A problem is typically defined as a condition or situation in need of change or correction. Creativity is realized through action; acting creatively is a prerequisite for becoming an expert. Creativity involves differentiation, originality, and a talent for creating unique, non-standardized, and exceptional actions that go beyond the ordinary or predictable.

A creative concept necessitates a precise understanding of the relationship between the problem and its components. Cognitive science classifies problems into three types: Well-Defined Problems, Ill-Defined Problems, and Insight Problems. These categories are also beneficial in the context of design problem-solving and design concepts.

Types of Problems

- **Well-Defined Problems**: Reitman defines these as problems with a single solution due to a fixed problem. An example is the question "What is 1+1?" with the definite answer "2."
- **Ill-Defined Problems**: These involve researching multiple problems to find a solution. An example is the question "What methods can achieve the result of 2?" with various possible answers and approaches.
- **Insight Problems**: These are complex problems that can be solved through a single, creative method. An example is the question, "What are x and y in the equation 2(x-y)+23/x=2?" which requires a deeper understanding and creativity.

Recognizing and Defining Design Problems

The first step in problem-solving is recognizing the given problem. In design, this problem typically revolves around the target audience and the subject matter. How the designer perceives the subject and target as problems can significantly affect the design outcome. Here, the following two examples are explained.

When designing a poster for an International Music Festival, the type of problem and design direction will change depending on how the target audience is perceived. For example, if the target audience consists of fans of a prominent musician participating in the event, the design approach will be different compared to a different target audience.

- **Well-Defined Problem**: If the designer perceives the target as a well-defined problem, the poster layout should be centered around the musician's image that the fans admire. This approach provides a clear and direct solution by highlighting the musician's visual representation to attract the fans' attention.

창의적인 문제해결의 문제 이해

문제해결을 하기 위해서 먼저 '문제'에 대한 이해가 필요하다. 모든 문제는 하나 이상의 해석이 가능하다. 그렇다고 많은 문제를 동시에 다발적으로 연구할 경우에는 비창의적인 콘셉트가 만들어질 위험이 크다. 문제란 일반적으로 변화시키거나 수정해야 할 조건이나 상황이라고 정의된다. 창의력은 행동에 의해 구체화된다. 창의적으로 행동하는 것은 전문가가 되기 위한 필수 요건이다. 창의력이라는 단어에는 차별성, 독창성, 창조의 재능 등의 의미가 내포되어 있다. 그것은 일상적이거나 예측되는 행동과는 다른 독특하고, 정형적이지 않으며, 평범한 수준을 넘어서는 행동을 말한다.

창의적인 콘셉트는 문제와 문제 요소의 관계를 정확히 이해해야 한다. 인지과학에서는 문제를 3가지로 나누고 있는데, 양정의 문제Well-Defined Problem, 불량정의 문제Ill-Defined Problem, 직관적 문제Insight Problem이 그것이다. 이런 문제의 유형은 디자인 문제해결과 디자인 콘셉트에도 유용하게 활용할 수 있다.

레이맨Reitman에 의하면 양정의 문제는 정해진 문제로 인하여 해답이 하나인 경우를 얘기한다. 예를 들어 "1+1은 무엇이오?"라는 문제이다. 불량정의 문제는 문제해결을 하기 위하여 여러 문제들을 연구하는 경우인데, 예를 들어 "2라는 답을 얻기 위해 어떤 방법이 있나?"라는 질문에 해당한다. 직관적 문제는 복잡하고 창의적인 하나의 방법으로 풀 수 있는 문제이며, 예를 들어 "2(x-y)+23/x=2에서 x와 y는 무엇이오?"라는 질문에 해당한다.

일단 주어진 문제가 무엇인지 인식하는 것이 우선이다. 디자인의 경우 문제는 타깃과 주제이다. 디자인 주제와 타깃을 어떤 문제로 인식하느냐에 따라 디자인 결과물이 다를 수 있다. 예를 들어 이 두 가지를 설명해 보겠다.

디자인 주제가 '국제 음악회를 위한 행사 포스터 디자인'이면, 지정된 타깃의 특성을 어떻게 인식하느냐에 따라 문제의 유형이 달라지는 동시에 디자인 결과물의 디자인 방향이 결정된다. 만약 타깃이 이 행사에 참여하는 대표적인 음악가의 팬들이라고 가정하자. 디자이너가 타깃을 양정의 문제로 인식할 경우 포스터의 레이아웃은 팬들이 좋아하는 음악가의 모습을 중심으로 구성되어야 한다. 반면 디자이너가 이를 불량정의 문제로 인식할 경우, 포스터의 레이아웃은 팬들이 좋아하는 음악가의

- **Ill-Defined Problem**: Suppose the designer sees this as an ill-defined problem. In that case, the poster layout should be designed to represent the musician symbolically based on the event's content rather than as a direct image. For example, the designer might use abstract symbols or visual metaphors that encapsulate the musician's essence and the festival's international nature, appealing to a broader audience and adding depth to the design.

- **Insight Problem**: If the problem is perceived as an insight problem, the layout might solely utilize symbolic elements of the musician. This could involve creative use of the musician's logo, abstract patterns, or colors associated with their music, encouraging the audience to engage with the poster more interpretatively.

When targeting the general public for a poster design for an international music festival, the way the problem is perceived significantly influences the creativity of the concept. The perception of the "international music festival" problem type determines whether the design will be creative or non-creative.

Approach 1: Well-Defined Problem
- Perception: The problem is viewed as having a single, straightforward solution.
- Design Strategy: The poster can be designed using straightforward symbols representing "international" and "music festivals," such as national flags, globes, musical notes, and images of instruments.
- Outcome: This approach ensures clarity and recognizability but may lack depth and originality, resulting in a non-creative, predictable design.

Approach 2: Ill-Defined Problem
- Perception: The problem is complex and requires exploring multiple elements to find a solution.
- Design Strategy: Combine various problem elements such as human psychology, history, economic conditions, social conditions, environmental changes, technology, and culture. Through extensive research and synthesis of these diverse elements, new and unique symbols are devised.
- Outcome: Perceiving the problem as ill-defined encourages creating diverse and innovative ideas. This comprehensive approach leads to a design that is rich in meaning, multi-layered, and highly creative, as it integrates insights from various fields and perspectives.

Approach 3: Insight Problem
- Perception: The problem is seen as complex but solvable through a single, creative method.
- Design Strategy: Use symbols that deviate from conventional representations, including abstract or artistic interpretations of international unity and musical harmony, such as using intertwined cultural motifs or innovative visual metaphors.
- Outcome: This approach can create a unique, engaging design that captures attention through unconventional elements, fostering a more creative concept.

The primary stages of Wallas's "creative process" and Samuelson's "design problem-solving method" start with Wallas's "preparation stage" and Samuelson's "problem recognition." Their fundamental step is to gain a precise insight into the problem. The difference lies in the type of problem perceived. Recognizing the problem as an ill-defined one allows for the creation of new records. In contrast, perceiving it as a well-defined or insight problem merely applies old records, inhibiting the formation of creative concepts.

직설적인 모습보다는 행사의 내용을 바탕으로 음악가를 상징할 수 있는 기호로 디자인해야 한다. 그러나 직관적인 문제로 보았다면 음악가의 상징적인 기호만 레이아웃 디자인에 응용할 것이다. 여기서 제시하는 디자인 문제의 해결 과정에서 창의적인 콘셉트는 행사의 특성과 음악가의 특성을 상징적으로 표현하는 행위에 해당한다. 즉 불량정의 문제로 인식해야 한다는 것이다.

디자인 타깃이 대중이고 주제가 '국제 음악회를 위한 행사 포스터 디자인'이면 국제 음악회를 어떤 문제의 유형으로 보느냐에 따라 비창의적인 콘셉트와 창의적인 콘셉트로 나눌 수 있다. 이 '국제 음악회'라는 문제를 양정의 문제로 인식한다면, '국제'를 상징하는 기호와 '음악회'를 상징하는 기호를 응용하여 포스터에 필요한 이미지를 구성할 수 있다. 만약 이를 직관적인 문제로 인식한다면 타깃의 관습을 벗어난 '국제'와 '음악회'라는 기호를 응용하여 이미지를 구축할 수 있다. 그러나 이를 불량정의 문제로 인식할 경우에는 '국제'와 '음악회'를 여러 문제의 요소와 결합하여 새로운 기호를 고안할 것이다. 여기서 말하는 문제의 요소는 인간의 심리, 역사, 경제, 사회조건, 환경변화, 기술, 문화 등에 해당하는 요소들이다. 이렇게 불량정의 문제에 의한 인식은 다양하고 새로운 아이디어를 창안하도록 도와준다. 즉 하나의 해답을 구하기 위하여 여러 문제들을 먼저 연구해야 하는 것이다.

월라스의 '창의적 과정'과 새무엘슨의 '디자인 문제해결 방법'의 기본 단계는 월라스의' 준비 단계'와 새무엘슨의 '문제 인식'이다. 이들이 주장하는 기본단계는 문제를 정확하게 통찰하라는 것이다. 이는 문제를 어떤 유형으로 보느냐에 따라 차이가 있는데, 여기서는 불량정의 문제로 인식하여야만 새로운 기록을 창조할 수 있다. 만약 양정의 문제나 직관적 문제로 인식할 경우 새로운 기록을 창조하기보다는 오래된 기록만 응용하기 때문에 창의적인 콘셉트가 이루어질 수 없다.

문제해결의 사고는 문제를 효과적으로 정의하고, 다양한 사고방식을 활용하여 해결책을 찾는 것을 의미한다.

Thinking of problem-solving involves effectively defining problems and finding solutions using various thinking methods.

문제해결을 위한 사고의 유형과 특성

Types and characteristics of thinking for problem-solving

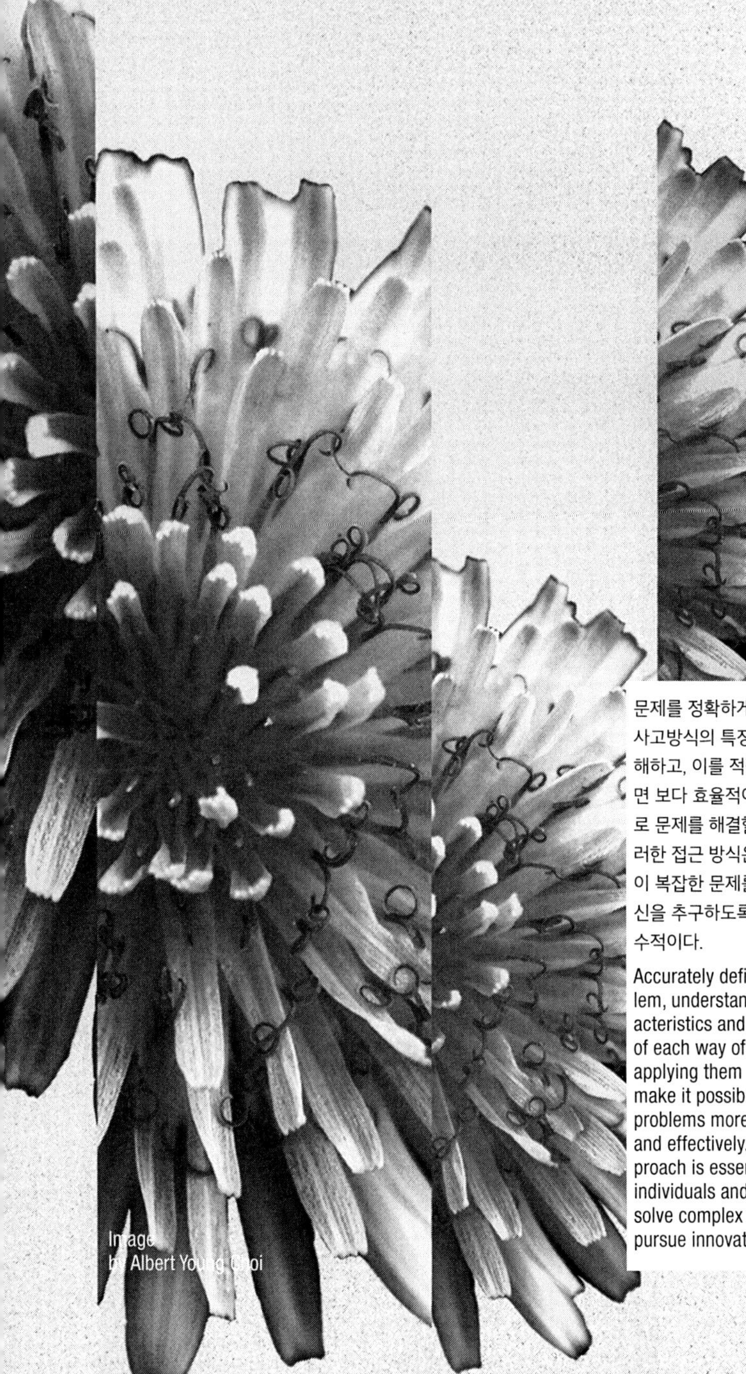

Image by Albert Young Choi

문제를 정확하게 정의하고, 각 사고방식의 특징과 장점을 이해하고, 이를 적절하게 적용하면 보다 효율적이고 효과적으로 문제를 해결할 수 있다. 이러한 접근 방식은 개인과 조직이 복잡한 문제를 해결하고 혁신을 추구하도록 돕는 데 필수적이다.

Accurately defining the problem, understanding the characteristics and advantages of each way of thinking, and applying them appropriately make it possible to solve problems more efficiently and effectively. This approach is essential in helping individuals and organizations solve complex problems and pursue innovation.

Importance of Perceiving Problems as Ill-Defined Problems

Recognizing problems as ill-defined problems suitable to the subject and target is crucial. The type of Thinking applied to problem-solving influences the potential for creative concepts. Convergent and divergent Thinking are two essential types of thinking in the problem-solving process. In his research on the structure of intellect, J.P. Guilford categorized human thinking into divergent and convergent thinking. Mednick states that divergent and convergent Thinking help solve non-creative or creative problems. However, these types of Thinking are applied in different ways.

Divergent Thinking involves expansive Thinking that seeks various facts or generates multiple solutions to a problem. In contrast, convergent Thinking is a focused approach that narrows the range of essential facts or causes to determine a precise solution.

For instance, if "1+1=" is perceived as a well-defined problem, the answer is "2," making convergent Thinking appropriate. However, if "1+1=" is seen as an ill-defined problem, multiple answers are possible, allowing for divergent Thinking. Examples include "Combining a large snowball and a small snowball makes one snowball" or "One woman and one man marrying creates a couple." The efficiency of a concept in problem-solving can be recognized based on how creatively the problem is thought about.

Convergent Thinking addresses solving a single problem through various methods, making it suitable for well-defined problems. A prime example is "1+1=2." In design, convergent Thinking aids significantly in decision-making. It can be applied in Wallas's "Verification Stage" of the creative process and Samuelson's "Clarification" step in the design problem-solving method, where ideas are evaluated.d and selected. Thus, convergent Thinking enables a wise resolution by analyzing suitable ideas according to the problem's conditions.

구 분 Category	확 산 사 고 Divergent Thinking	수 렴 사 고 Convergent Thinking
문제의 유형 Type of Problem	불량정의 문제 Ill-designed Problem	양정의 문제 Well-defined Problem
예시 Sample	X + 1 = Y	X + 1 = 2

문제를 불정의된 문제로 인식하는 것의 중요성

문제를 주제와 타깃에 적당한 불량정의 문제로 인식하는 것은 매우 중요한 일이다. 어떤 사고로 문제해결을 하느냐에 따라 창의적인 콘셉트가 가능할 것이다. 문제해결 과정에서 필요한 사고의 방법으로는 수렴 사고와 확산 사고가 있다. 지능intellect의 구조를 연구한 길포드J.P. Guilford는 여러 실험을 통해 인간의 사고를 확산사고Divergent Thinking와 수렴사고Convergent Thinking로 구분하였다. 메닉Mednick에 의하면 비창의적이거나 또는 창의적인 문제해결을 위해서는 확산사고와 수렴사고가 유용하다고 하였다. 그러나 확산 사고와 수렴 사고를 동시에 실시하지는 않는다.

'확산사고'는 문제에 대해서 다양한 사실을 찾거나 다채로운 해결안을 창출하는 확대적인 사고이다. 한편 '수렴사고'는 정확한 대답을 얻게 하는 작용, 즉 중요한 사실이나 원인의 범위를 좁혀서 해결책을 정리해 가는 집중적인 사고이다.

만약 '1+1='을 양정의 문제로 인식한다면 답은 '2'이므로 확산적 사고보다는 수렴적 사고가 적당하다. 그러나'1+1='을 불량정의 문제로 인식한다면 여러 답이 나올 수 있고, 수렴적 사고가 아닌 확산적 사고를 할 수 있다. "큰 눈덩어리 하나와 작은 눈덩어리 하나를 합치면 눈덩어리 하나를 만든다", "여자 한명과 남자 한명이 결혼한다면 부부 1쌍이다" 등처럼 여러 답이 나올 수 있다. 이처럼 문제 해결 과정에서 얼마나 창의적으로 문제를 사고하느냐에 따라 콘셉트의 효율성을 인식할 수 있다.

'수렴사고'는 문제를 해결하기 위해 마련된 여러 방법으로 한 가지의 문제를 푸는 것이다. 그러므로 수렴 사고는 양정의 문제를 다루고 있다. 좋은 예가 '1+1=2'이다. 디자인에서 수렴사고는 의사결정을 하는 데에 많은 도움을 준다. 월라스의 '창의력 과정' 중 '검증단계'와 새무엘슨의 디자인의 '문제해결 방법' 중 '해명'에서 아이디어를 판단하고 선택하는데 이를 사용할 수 있다. 이같이 수렴사고는 현명한 문제해결을 위해 문제에 맞는 아이디어를 문제의 조건에 맞추어 분석하게 해 준다.

Convergent and Divergent Thinking in Design Problem-solving

When designing a poster for an international music festival, let us assume that ten ideas have been generated. Convergent thinking aids decision-making by narrowing down these ideas based on a focused analysis. The decision-making stage should be centered around the responses elicited by these ideas. For instance, a convergent analysis might produce the following evaluations:

Idea A: "This idea allows the target audience to recognize that the event is an international music festival easily."
Idea B: "This idea effectively communicates that this music festival is an international event."
Idea C: "This idea inappropriately conveys the message that the music festival is affordable."

Here, the problem is the "international music festival," and the key elements are "international event" and "easily recognizable." Thus, Idea C, which focuses on "affordability," is deemed inappropriate for solving the problem.

On the other hand, divergent thinking involves solving the problem by generating various potential ideas through expansive thinking. The harmony of these diverse ideas facilitates problem-solving. Divergent thinking encourages exploration beyond conventional possibilities, associations, and interpretations. It promotes unique and varied mental characteristics, but having different ideas does not automatically translate to creative concepts or stimulate imagination if these ideas have structural connections.

People use divergent thinking when exploring existing concepts through hypotheses or potential outcomes. For instance, if a designer is tasked with creating a beverage package design under the theme "eco-friendly packaging," they might depart from conventional aluminum or glass designs to explore new material structures. A divergent hypothesis might propose a beverage package made of bamboo or paper. Possible outcomes might include bamboo beverage packages being repurposed as "flower pots," "pen holders," "bags," or "refillable containers." This approach is known as "Hypothetical Exploration."

국제 음악회 행사 포스터에 필요한 아이디어가 10개 나왔다면, 수렴사고적인 분석은 의사결정에서 행동선택을 하게 도와준다. 이때 의사결정 단계에서는 반응을 중심으로 판단해야 한다. 아이디어에 대한 수렴사고적인 분석으로 'A 아이디어는 타깃이 국제적인 음악회라는 것을 쉽게 인지할 수 있는 방법이다', 'B 아이디어는 본 국제 음악회가 국제적인 음악회라는 메시지를 적합하게 전달하고 있다', 'C 아이디어는 본 음악회가 저렴한 가격으로 관람할 수 있다는 부적합한 메시지를 전달한다'를 들 수 있다. 이 세 문장에서 문제가 '국제 음악회'이고, 문제의 요소는 '국제적인 음악회', '쉽게 인식 가능해야 함'이라면, 아이디어 C의 문제의 요소인 '저렴한 가격'은 문제해결에 있어 부적합한 아이디어다.

이와 달리 확산사고는 다른 여러 방법으로 문제해결을 하여 여러 가지 가능한 아이디어를 창출하는 방법이다. 이런 다양한 아이디어의 조화로 인하여 문제해결이 가능하다. 확산 사고는 관습에 의하지 않는 가능성, 관련, 해석을 탐구하게 한다. 그리고 일정한 정신 특성이 확산 사고를 색다르고 다양하게 장려한다. 그렇지만 아이디어가 색다르다고 해서 곧바로 창의적인 콘셉트가 될 수는 없다. 색다르다고 해서 무조건 상상력을 자극하지도 못한다. 색다른 아이디어가 확산사고적인 아이디어가 되기 위해서는 구조적인 연결이 필요하기 때문이다.

사람들은 기존의 개념을 가설이나 가능성의 결과로 탐구할 때 확산사고를 사용한다. 예를 들어 디자이너가 음료수 패키지 디자인에 대해 연구를 할 때 '친환경적인 패키지'라는 디자인 문제가 주어진다면 디자이너는 기존의 알루미늄이나 병 형식을 탈피하고 새로운 지기구조를 연구할 것이다. 확산사고적인 가설은 대나무나 종이로 만든 음료수 패키지이고, 가능성의 결과로는 대나무 음료수 패키지는 음료수를 마신 다음 '화분으로 사용한다', '필통으로 사용한다', '가방을 만든다', '리필을 한다'라는 확산사고적인 아이디어를 구상할 수 있다. 따라서 이런 방법을 '가설적인 탐구' Hypothetical Exploration라고 한다.

Integration of Divergent and Convergent Thinking in Creative Problem-solving

In the realm of design, incorporating both divergent and convergent thinking processes is essential for generating and refining creative solutions. Divergent thinking involves exploring a wide range of possibilities and generating numerous ideas, while convergent thinking focuses on evaluating these ideas to identify the most effective solution. This two-step approach ensures that creativity is balanced with practicality.

One aspect of divergent thinking is remote association, which involves considering unfamiliar or distant relationships rather than typical ones. In design, metaphorical expressions are frequently used to capture the audience's attention through visual similarity or symbolic representation. This technique leverages remote associations to create compelling and memorable designs.

Takahashi Makoto outlines five rules for enhancing divergent thinking to generate good ideas:

1. Postpone Judgment: Avoid evaluating ideas as good or bad during the brainstorming phase.
2. Freewheeling: Encourage all kinds of ideas, no matter how unconventional they may seem.
3. Quantity Over Quality: Focus on generating a large number of ideas without worrying about their quality initially.
4. Broadening Perspectives: Think from various angles and consider different viewpoints.
5. Combination and Improvement: Build upon and combine previous ideas to develop more refined concepts.

In problem-solving, both divergent and convergent thinking are essential. The process typically involves starting with divergent thinking to generate a variety of ideas, followed by convergent thinking to select and refine the best solutions. The following are the seven stages of creative problem-solving and the type of thinking required at each stage:

1. Acceptance Stage: Requires convergent thinking to acknowledge and understand the problem.
2. Analysis Stage: Involves divergent thinking to explore and understand different aspects of the problem.
3. Definition Stage: Uses convergent thinking to clearly define the problem and its parameters.
4. Idea Generation Stage: Employs divergent thinking to brainstorm a wide array of potential solutions.
5. Idea Selection Stage: Relies on convergent thinking to evaluate and choose the most feasible ideas.
6. Implementation Stage: Needs divergent thinking to explore various ways to implement the chosen solution.
7. Evaluation Stage: Utilizes convergent thinking to assess the effectiveness of the implemented solution.

창의적 문제 해결에 확산사고와 수렴사고의 통합

디자인 분야에서는 창의적인 문제해결을 생성하기 위해 확산사고와 수렴사고 과정을 모두 통합하는 것이 필수적이다. 확산사고는 다양한 가능성을 탐색하고 수 많은 아이디어를 생성하는 것을 의미하며, 수렴사고는 이러한 아이디어를 평가하여 가장 효과적인 해결책을 식별하는 데 중점을 둔다. 이러한 두 단계 접근 방식은 창의성과 실용성의 균형을 보장한다.

확산사고의 한 측면은 무관계 결합$_{\text{Remote Association}}$으로, 이는 일반적인 관계보다는 익숙하지 않거나 먼 관계를 고려하는 것이다. 디자인에서 은유적 표현$_{\text{Metaphor}}$은 시각적 유사성이나 상징적 표현을 통해 청중의 주의를 끌기 위해 자주 사용된다.

다카하시 마코토는 좋은 아이디어를 도출하려면 다음과 같은 '확산사고의 다섯 가지 규칙'을 지켜야 한다고 하였다.

① 판단 연기-좋고 나쁨을 판단하지 않는다.
② 자유 분방-어떤 것을 발언해도 좋다.
③ 대량 발상-우선 양이 중요하므로 질은 고려하지 않는다.
④ 광각 발상-다각도로 사고를 넓힌다.
⑤ 결합 발전-이전 발언과 조합해 생각한다.

문제를 해결할 때는 '확산사고'와 '수렴사고'를 고려한다. 즉 어떤 아이디어를 구상할 때 확산적 사고를 먼저 한 다음 수렴적 사고를 하는 2 단계 사고를 수행한다. 확산사고는 다양하고 신선한 아이디어를 창안하게 한다. 확산사고를 높이기 위해서는 유창한 아이디어 창출 능력과 신선하고 융통성 있는 아이디어를 구상하는 능력이 필요하다. 그러나 다양한 아이디어를 선택하기 위해서는 수렴적인 사고가 필요하다. 문제에 대한 지각 능력과 정보를 종합하고 재편성하는 능력이 수렴사고의 핵심이다. 창의적 문제해결의 7단계와 각 단계에서 필요로 하는 사고는 다음과 같다.

① '수용 단계'에서는 수렴적 사고가 필요하다.
② '분석 단계'에서는 확산적 사고가 필요하다.
③ '정의 단계'에서는 수렴적 사고가 필요하다.
④ '아이디어 찾기 단계'에서는 확산적 사고가 필요하다.
⑤ '아이디어 선택 단계'에서는 수렴적 사고가 필요하다.
⑥ '실행 단계'에서는 확산적 사고가 필요하다.
⑦ '평가 단계'에서는 수렴적 사고가 필요하다.

우리는 논리와 감각이 얽혀있는 세상에 살고 있다. 논리는 이해하기 어려울 수 있지만 모든 사람에게 중요하다. 디자인에 있어 논리적 상상력은 콘셉트를 대표하고, 감각은 미적 표현과 스타일로 연결된다.

We live in a world where logic and senses are intertwined. Logic can be difficult to comprehend, but it is significant to everyone. When it comes to design, logical imagination represents the concept, while senses are linked to aesthetic expression and style.

디자인 콘셉토: 창의적인 콘셉트 개발 방법

Design Conceptor: How to develop creative concepts

창의적 콘셉트는 디자인, 마케팅, 예술, 비즈니스 등 다양한 분야에서 특정 목적을 달성하는 데 사용할 수 있는 혁신적이고 독창적인 아이디어나 주제이다. 이러한 개념은 기존 프레임워크를 깨고 새로운 관점을 제공하며 문제를 해결하거나 새로운 기회를 창출하는 역할을 한다.

A creative concept is an innovative and original idea or topic that can achieve a specific purpose in various fields, such as design, marketing, art, and business. These concepts break existing frameworks, provide new perspectives, solve problems, or create new opportunities.

Image
by Albert Young Choi

In Monahan's book "Think Differently," Monahan suggests that while artistic talent is often inherent, the capacity for creative thinking exists in everyone. This theory can be applied to visual design, where designers use their sensory design talents to create forms. However, clients often contribute ideas that designers translate into visual forms, indicating that the process of conceptualization varies from person to person. Monahan emphasizes that being creative requires original ideas, not necessarily artistic talent. This suggests that the process of conceptualization varies from person to person. While sensory design talent can attract visual attention, it may not necessarily convey a message.

Monaghan emphasizes the distinction between innate artistic talent and the universal potential for creative thinking. Artistic talent refers to the innate ability to create visually appealing forms, while creative thinking is the capacity to generate original ideas. Everyone has the potential to develop and nurture creative thinking skills, irrespective of their innate artistic ability.

Design needs to convey its message through unique and sensory visual expression. A design concept involves turning ideas into a tangible form, encompassing elements such as conceptualization, thinking, and ideation. Therefore, assuming that designers with sensory design talent are inherently able to conceptualize creatively is incorrect. Creative designers must precisely conceptualize their ideas and translate them into visible forms. Understanding the concepts of idea, design, and image is crucial in this context.

However, many designers experience significant stress when conceptualizing design ideas. I have developed a methodology for creating essential design concepts to reduce this unnecessary stress. To solidify my methodology, I have conducted a comparative analysis of the relationship and characteristics between design concepts and the essential elements of a multilayer perceptron. The connection and type of connection, referred to as the "Feedforward Network," in a multilayer perceptron have a homological relationship with the model of the design concept development methodology I initially devised.

모나한Monahan은 그의 저서 '다르게 생각하라'에서 예술적인 재능은 대부분 타고 나는 것이지만 창의적으로 생각할 수 있는 능력은 누구에게나 존재한다고 하였다. 모나한의 이론은 시각디자인에도 적용된다. 디자이너들은 감각적인 디자인 재능을 바탕으로 형태를 만들지만 콘셉트는 누구나 생각할 수 있기 때문에, 콘셉트는 클라이언트가 창안하고 이를 디자이너가 형태로 표현하는 경우도 있다. 또한 모나한은 "창의력을 발휘하기 위해서는 예술적인 재능이 아니라 독창적인 아이디어가 필요하다"라고 지적하였다. 이는 콘셉트를 구상하는 방식은 사람마다 각기 다르다는 것이다. 감각적인 디자인 재능은 시각적으로 유혹할 수는 있지만 메시지를 전달하지는 못한다.

모나한은 타고난 예술적 재능과 창의적 사고의 보편적인 잠재력 사이의 차이를 강조한다. 예술적 재능은 시각적으로 매력적인 형태를 만들어내는 타고난 능력이다. 창의적 사고는 독창적인 아이디어를 만들어내는 능력이다. 이 기술은 타고난 예술적 능력에 관계없이 모든 사람에게 개발되고 장려될 수 있다.

디자인은 차별적이고 감각적인 시각표현으로 디자인의 메시지를 전달하여야 한다. 더 나아가 디자인 콘셉트란 아이디어를 정리해서 형태로 만들어 가기 위한 구상이라든가 개념, 사고, 발상이라는 의미가 있다. 그러므로 감각적인 디자인 재능을 보유한 디자이너가 꼭 창의적인 디자인 콘셉트를 구상할 수 있다는 생각은 옳지 않다. 창의적인 디자이너는 디자인 콘셉트를 정확히 가지고 생각을 정리하여 이것을 디자인, 즉 눈에 보이는 형태로 시각화해야 한다. 이런 의미에서 아이디어, 디자인, 이미지라는 콘셉트의 주변개념을 이해해 두는 것은 매우 중요하다.

그렇지만 대부분의 디자이너들은 디자인 콘셉트를 구상할 때 많은 스트레스를 받는다. 이런 불필요한 스트레스를 배제하기 위하여 연구자는 디자인에 필요한 디자인 콘셉트 개발 방법론을 구상하였다. 연구자의 방법론을 구체화하기 위하여 예를 통해 디자인 콘셉트와 다층 퍼셉트론 기본 요소의 관계와 특성을 비교분석하였다. 다층 퍼셉트론의 기본적인 요소의 연결과 연결의 유형인 '전방향 네트워크'의 특성과 작용은 연구자가 처음 고안한 디자인 콘셉트 개발 방법론의 모형과 상동적 관계에 있다고 하겠다. 요컨대, 디자인 문제가 주어지면 은닉 단위와 층차에 있어 어떤 종류의 인과관계가 필요하고, 그 가치 곧 시각적 표현, 심미적인 표현, 심리적 표현에는 무엇인가를 전달함으로써 디자인 콘셉트를 고안 가능케 한다.

Brain Function in Creative Individuals

When two nodes in the brain are simultaneously active and connected at maximum strength, nothing significant occurs. Similarly, if there is no connection between nodes, no activity arises. However, when connections between nodes are untrained or weak, the active nodes become highly active and strengthen their connections. This process is known as Creative Insight or Conditioning. It is important to consciously consider elements that must be combined intensively to generate creative ideas. The higher the focus of attention, the greater the creativity. To increase attention, the connections between nodes must be activated. Therefore, creative individuals have activated nodes simultaneously and more intensely than non-creative individuals.

Wallas's Creative Process

In Wallas's Creative Process, attention is crucial in the preparation stage. Specifically, a few nodes need to be highly activated and controlled consciously. Creative individuals have partially active nodes during the incubation stage, whereas non-creative individuals do not exhibit such activity. In the illumination stage, creative insight leads to the sudden emergence of ideas.

* Node is A processing element in the brain that collects inputs from various sources.

창의적인 사람들의 뇌 작용

두 노드의 연결이 동시에 활동할 때, 연결이 최대한도의 세기로 이루어진다면 아무 일도 생기지 않는다. 또한 만약에 연결이 없어도 아무 일도 생기지 않는다. 그렇지만 지도하지 않은 연결이나 세기가 약한 연결일 경우, 활동하는 노드들이 극도로 활동적으로 변하며 이 노드들의 연결은 증대된다. 이런 과정을 창의적 간파Creative Insight, 또는 조건 붙이기Conditioning 라고 한다. 창의적인 아이디어를 갖기 위해서는 의식적으로 결합할 요소들을 집중적으로 고려해야 한다. 주의력의 용도가 높을수록 창의성이 높아진다. 주의력을 증가하기 위해서는 노드의 연결이 활성화되어야 한다. 따라서 창의적인 사람들은 창의적이지 못한 사람들보다 노드가 동시 다발적으로 활성화한다고 할 수 있다.

월라스의 창의력 과정

월라스의 창의력 과정Creative Process의 준비단계에서는 주의력이 중심이 되어야 한다. 특히 소수의 노드들을 고도로 활성화시키고 의식을 통제해야 한다. 창의적인 사람들은 잠복단계에서 노드가 부분적으로 활동하지만, 창의적이지 못한 사람들은 활동하지 않는다. 또한 영감단계에서는 창의적 간파로 인하여 불시에 아이디어를 떠올리게 한다.

* 노드Node은 뇌의 처리 요소로서 여러 출처를 통해 입력을 수집한다.

Theory of "Design Conceptor"

The effects of "Design Conceptor," a concept development method, are as follows:

- Intentional Creation of Creative Concepts: Enables the deliberate development of innovative concepts.
- Systematic Concept Development: Facilitates a structured approach to concept development.
- Transformation of Low-Strength Records to High-Strength Records: Converts less effective information into highly effective records.
- Utilization of Descriptive, Conceptual, and Procedural Knowledge: This process employs various types of knowledge to enhance the design process.
- Intentional Induction of Divergent and Convergent Thinking: Deliberately Encourages expansive and focused thinking.

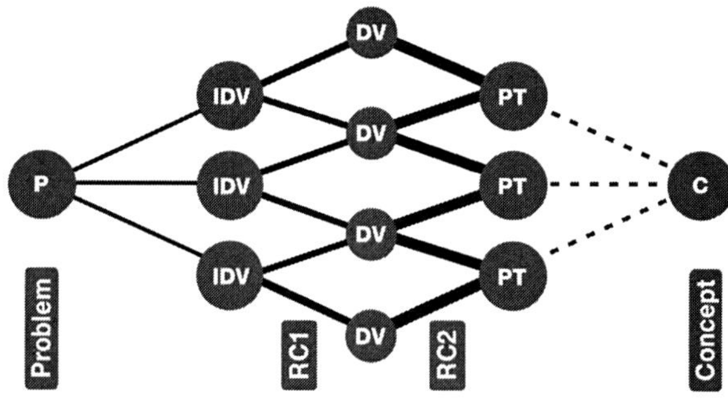

콘셉트 개발 방법인 "디자인 콘셉토"의 효과는 다음과 같다.

- 의도적인 방법으로 창의적인 콘셉트를 창안할 수 있다.
- 체계적인 콘셉트 개발을 할 수 있다.
- 저효과적 기록을 고효과적 기록으로 변환할 수 있다.
- 서술지식, 개념지식, 절차지식을 사용할 수 있다.
- 확산사고와 수렴사고를 의도적으로 유도할 수 있다.

"디자인 콘셉토"의 이론적 진술 Theoretical Statement은 다음과 같다.

- 디자인 문제의 핵심 단어와 관련된 종속변수DV : Dependant Variables들은 교환가능한 변수로서 여러 문제의 요소인 상호의존변수IDV : Independant Variables들을 보조한다. 그리고 여러 상호의존변수는 공동종속변수Interdependant Variables로서 아이디어인 토픽PT : Possible Topics 및 콘셉트와 밀접한 관계를 갖고 있다. 문제의 핵심 단어와 관련된 종속변수들과 문제의 요소인 상호의존변수들의 연결 가중치는 관계적 연결RC1 & 2 : Relationship Connections로 이어져 위와 같은 종속변수와 상호의존변수 쌍의 중요도 순서를 결정한다.

The theoretical statement for "Design Conceptor" outlines the following principles:

- Dependent Variables (DV) are keywords related to the design problem are considered dependent variables. These variables can be swapped and support multiple elements of the problem, which are interdependent variables (IDV).
- Interdependent Variables (IDV) are variables mutually support each other and are closely related to the possible topics (PT) and concepts. They form a network of interdependent variables that collectively influence the design concept.
- Relationship Connections (RC1 & 2) are the connection weights between the dependent and interdependent variables are defined as relational connections. These connections determine the priority of the pairs of dependent and interdependent variables.

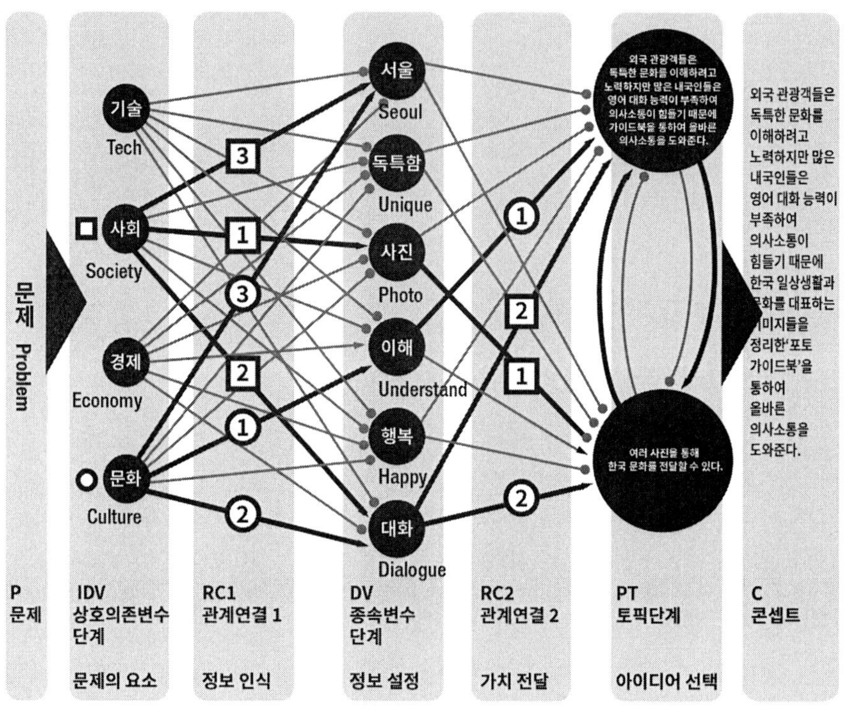
문제 Problem
기술
Tech
사회
Society
경제
Economy
문화
Culture
3
1
3
2
1
2
서울
Seoul
독특함
Unique
사진
Photo
이해
Understand
행복
Happy
대화
Dialogue
1
2
1
2
외국 관광객들은 독특한 문화를 이해하려고 노력하지만 많은 내국인들은 영어 대화 능력이 부족하여 의사소통이 힘들기 때문에 가이드북을 통하여 올바른 의사소통을 도와준다.
여러 사진을 통해 한국 문화를 전달할 수 있다.
외국 관광객들은 독특한 문화를 이해하려고 노력하지만 많은 내국인들은 영어 대화 능력이 부족하여 의사소통이 힘들기 때문에 한국 일상생활과 문화를 대표하는 이미지들을 정리한'포토 가이드북'을 통하여 올바른 의사소통을 도와준다.
P
문제
IDV
상호의존변수 단계
문제의 요소
RC1
관계연결 1
정보 인식
DV
종속변수 단계
정보 설정
RC2
관계연결 2
가치 전달
PT
토픽단계
아이디어 선택
C
콘셉트

“디자인 콘셉토” 이론적 진술을 설명하면 다음과 같은 내용이다.

“디자인 콘셉토”에 문제가 주어지면, 문제 입력단계에서는 문제의 요소 [상호의존변수Interdependent Variables (IDV)] 2개 이상을 선택한다. 시각적 표현, 심미적인 표현, 심리적 표현 [종속변수Dependent Variables (DV)]인 명사, 형용사, 동사 단어는 문제의 요소 [IDV]와 연결하여 문제에 적합한 관계의 가치 순서 [관계 연결 1Relationship Connections 1 (RC1)] 를 정한다. 관계 연결 1의 가치 순위를 기준으로 관계 연결 2Relationship Connections 2(RC2) 의 가치 순위를 선택하여 출력단계인 아이디어 [토픽Possible Topics(PT)]를 2개 이상 만든다. 아이디어를 정리하여 콘셉트를 고안 가능케 한다.

The “Design Conceptor” methodology’s theoretical framework involves several key steps and components. The detailed process is outlined below:

Problem Input Stage:

1. Interdependent Variables (IDV): Select at least two interdependent variables when presented with a design problem. These variables represent different elements of the problem that are mutually supportive and provide a comprehensive understanding.
2. Connection with Dependent Variables (DV): Identify dependent variables such as visual, aesthetic, and psychological words, including nouns, adjectives, and verbs. These variables are essential for translating the problem elements into tangible concepts.
3. Connecting IDV and DV: Link the interdependent variables (IDV) with the dependent variables (DV) to establish a relevant relationship for the problem. This step ensures that the conceptual framework aligns with the problem’s core elements.

Relationship Connections:

1. Relationship Conncetion 1 (RC1): Determine the value order of the relationships between the IDV and DV. This ranking prioritizes the most significant connections that will influence the conceptual development.
2. Relationship Conncetion 2 (RC2): Based on the primary Relationship Conncetion 1 (RC1), select the secondary Relationship Conncetion 2 (RC2). This step refines the relationships further, ensuring a deeper alignment and relevance to the problem.

Output Stage (Idea Generation):

1. Possible Topics (PT): Generate at least two ideas or topics. These ideas are derived from the ranked connections and provide a foundation for the conceptual framework.
2. Concept Development: Organize and refine the generated ideas to develop a cohesive and creative design concept. This final step involves synthesizing the various elements into a unified and compelling visual representation.

Definitions of Terms in "Design Conceptor"

The terms and definitions of "Design Conceptor" are organized according to the stages of the "Design Conceptor" process.

Problem (P)

Definition: A problem represents a state where the goal is known, but the method to achieve it is not. The problem always encompasses who (host), when (time frame for the design to be effective), where (location where the design will be effective), how (the design), what (the message), and to whom (the target). Among these, what (the message) and to whom (the target) are the primary focuses of the problem.

Design Conceptor Stage 1
Interdependent Variables (IDV)

Definition: Interdependent variables are various interpretative elements of the problem, such as human psychology, history, economic conditions, social conditions, environmental changes, technology, and culture. These variables directly influence the topics and concepts. At least two interdependent variables are necessary to form an appropriate topic and concept. Interdependent variables are described as issues (e.g., psychological issue, historical issue, economic issue, social issue, environmental issue, technological issue, cultural issue).

Interdependent Variables Level (DV Level)

Definition: This stage involves a collection of interdependent variables. These variables, once learned, remain consistent even if the problem changes. Therefore, users of "Design Conceptor" can add more variables over time based on their usage and experience, allowing for continuous improvement and adaptation.

“디자인 콘셉토” 용어 정의

“디자인 콘셉토” 용어와 그 정의를 “디자인 콘셉토” 과정의 순서대로 정리하였다.

문제

P : Problem

문제는 목적을 달성하려고 하지만 어떻게 목적을 달성하지 모르는 상태이다. 문제는 항상 누가(주최), 언제(디자인이 효과를 낼 수 있는 시일), 어디서(디자인이 효과를 낼 수 있는 장소), 어떻게(디자인), 무엇을(메시지), 누구에게(타깃)라는 문제를 소유한다. 이 중에 무엇(메시지)과 누구에게(타깃)가 문제의 초점이다.

디자인 콘셉토 1 단계 상호의존변수

IDV : Interdependant Variables

문제에 대한 하나 이상의 해석으로서 인간의 심리, 역사, 경제, 사회 조건, 환경 변화, 기술, 문화 등등이 있다. 상호의존변수는 토픽과 콘셉트에 직접적인 영향을 미치는 변수로서, 두 개 이상의 상호의존변수가 존재해야 적합한 토픽과 콘셉트가 이루어질 수 있다. 상호의존변수는 ‘~적인 문제$_{\text{Issue}}$’로 명시한다. (예: 심리적인 문제, 역사적인 문제, 경제적인 문제, 사회적인 문제, 환경적인 문제, 기술적인 문제, 문화적인 문제 등)

상호의존변수 단계

DV Level : Interdependant Variables Level

상호의존변수가 모여 있는 단계로서 변수들은 학습을 통해 추가되면 문제가 변하더라도 변수들은 변하지 않는다. 그러므로 “디자인 콘셉토”를 지속적으로 사용하는 사용자들은 사용하는 정도에 따라 변수를 늘릴 수 있다.

Design Conceptor Stage 2
Relationship Connection 1 (RC1)

RC1 involves linking interdependent (IDV) and dependent (DV) variables. This means consciously connecting IDVs with DVs or vice versa. We assess the importance of these connections and determine their sequence to ensure effective conceptual development.

Design Conceptor Stage 3
Dependent Variables (DV)

These variables rely on interdependent variables to provide expressive or material support. Dependent variables can support multiple interdependent variables.

Dependent Variables Level (DV Level)

This is a stage where dependent variables are aggregated. Once learned, these variables remain constant even if the problem changes. "Design Conceptor" users can expand these variables through continuous use and learning.

Design Conceptor Stage 4
Relationship Connection 2 (RC2)

RC2 involves connecting dependent variables with topics. This means creating sets of connections between DVs and IDVs and linking two or more sets to a single topic. We evaluate the importance of these connections and determine their sequence.

디자인 콘셉토 2 단계
관계 연결 1

RC1 : Relationship Connection1

상호의존변수와 종속변수를 이어주는 관계로서, 의식적으로 종속변수에 따른 상호의존변수의 연결이나 상호의존변수에 따른 종속변수의 연결을 가능하게 한다. 이때 연결의 중요성을 평가하여 연결의 순서를 선택한다.

디자인 콘셉토 3 단계
종속변수

DV : Dependant Variables

상호의존변수에 의존하는 변수로서 상호의존변수를 보조해 주는 표현적이거나 물질적인 변수이다. 종속변수는 여러 상호의존변수를 보조해 줄 수 있다.

종속변수 단계

DV Level : Dependant Variables Level

종속변수가 모여 있는 단계로서 변수들은 학습을 통해 추가되고, 문제가 변하더라도 변수들은 변하지 않는다. 그러므로 "디자인 콘셉토"를 지속적으로 사용하는 사용자들은 사용하는 정도에 따라 변수를 늘릴 수 있다.

디자인 콘셉토 4 단계
관계 연결 2

RC2 : Relationship Connection2

종속변수와 토픽을 이어주는 관계로서, 의식적으로 종속변수와 상호의존변수의 연결을 한 세트로 만들고 두 개 이상의 세트를 한 토픽에 연결하는 기능이 있다. 이때 연결의 중요성을 평가하여 연결의 순서를 선택한다.

Possible Topics (PT)

Possible topics are ideas that can help address a problem. They are created by combining two or more sets of dependent (DV) and inter-dependent (IDV) variables. Generating multiple topics is essential for developing creative concepts.

Possible Topics Level (PT Level)

This stage involves grouping topics created by recognizing the problem and combining variables. Since these topics are not learned but change with the problem, using "Design Concepto" continuously helps generate fresh and diverse topics.

Step 6: Concept (C)

A concept is an innovative and valuable idea that influences people's thoughts and actions by delivering unexpected new messages. One suitable topic is selected from multiple topics, or the chosen topic is evaluated and combined with others based on the problem.

디자인 콘셉토 5 단계
토픽

PT: Possible Topics

문제에 적합한 아이디어로서 두 개 이상의 종속변수와 상호의존변수의 연결 세트가 모여 만든 아이디어다. 이때 여러 토픽을 만드는 것이 창의적인 콘셉트를 만드는 데에 중요한 역할을 한다.

토픽 단계

PT Level : Possible Topics Level

토픽들이 모여 있는 단계로서, 문제의 인식과 변수의 결합으로 작성되기 때문에 학습을 통해 추가되지 않고, 문제가 변하면 토픽도 변하는 특성을 갖고 있다. 그러므로 "디자인 콘셉토"를 지속적으로 사용하여도 신선하고 다양한 토픽이 가능하다.

디자인 콘셉토 6 단계
콘셉트

C : Concept

사람의 마음과 행동을 움직이는 기발하고 유용한 아이디어로서, 예상할 수 없는 새로운 메시지를 전달한다. 여러 토픽들 중에 문제에 적합한 토픽 하나를 선택하거나, 문제를 기준으로 선택한 토픽을 평가하여 다른 토픽과 연합한다.

Conditions for Effective Use of "Design Conceptor"

"Design Conceptor" is based on the principles of multilayer perceptrons, which store knowledge using connection strengths between neurons. Understanding this foundation is crucial for developing concepts, as it allows for the storage of problem-related knowledge in the brain as visual and verbal codes.

Critical Principles for Effective Use:

1. Activating Node Connections
   - Increasing attention by activating node connections leads to heightened creativity. Understanding how to recognize input and output units (nodes) in a neural network and adjusting connection strengths can enable the flexible adjustment of human knowledge.

2. Encouraging Incomplete Thoughts
   - Learners should encourage to use incomplete thoughts creatively to foster creative thinking. This aligns with the purpose of "Design Conceptor," which is to serve as a learning tool that encourages creative thinking in learners and provides a methodology for efficiently developing concepts.

3. Storing Knowledge in Visual and Verbal Codes
   - Knowledge related to the problem should be stored in the brain as visual (images, symbols) and verbal (words, phrases) codes. This dual coding enhances recall and the ability to connect different pieces of information.

4. Adjusting Connection Strengths
   - Understanding and adjusting the strengths of connections between nodes can refine knowledge and enhance creative capabilities.

“디자인 콘셉터”의 효과적인 사용을 위한 조건

“디자인 콘셉터”는 뉴런 간의 연결 강도를 사용하여 지식을 저장하는 다층 퍼셉트론의 원리에 기반을 두고 있습니다. 이 기초를 이해하는 것은 시각적 및 언어적 코드를 통해 문제와 관련된 전문 지식을 두뇌에 저장할 수 있게 해주기 때문에 콘셉트를 개발하는 데 매우 중요합니다.

효과적인 사용을 위한 중요한 원칙:

1. 노드 연결 활성화
- 노드 연결을 활성화하여 주의를 증가시키는 것은 창의성을 높이는 데 기여한다. 신경망에서 입력 및 출력 단위(노드)를 인식하고 연결 강도를 조정하는 방법을 이해하면 인간 지식을 유연하게 조정할 수 있다.

2. 불완전한 생각을 장려
- 학습자들은 창의적 사고를 촉진하기 위해 불완전한 생각을 창의적으로 사용할 수 있도록 장려해야 한다. 이는 학습자들의 창의적 사고를 장려하고 개념을 효율적으로 개발하는 방법론을 제공하는 학습 도구로서의 “디자인 콘셉터”의 목적이다.

3. 시각적 및 언어적 코드로 지식 저장
- 문제에 대한 지식은 시각적(이미지, 기호) 및 언어적(단어, 문장) 코드로 두뇌에 저장되어야 한다. 이러한 이중 코딩은 기억력을 향상시키고 다양한 정보 조각을 연결하는 능력을 강화한다.

4. 연결 강도 조정
- 노드 간의 연결 강도를 이해하고 조정하는 것은 지식을 정교하게 하고 창의적 역량을 향상시키는 데 도움이 된다.

In order to effectively use the "Design Conceptor," the following conditions must be met:

- Generating efficient ideas requires considering more than one variable.
- Ideas should involve the relationship between two or more independent (IDV) and dependent variables (DV).
- A practical concept requires more than one idea.
- A concept can modify or combine ideas.
- Relational connections should be ordered according to their importance.
- There must be more than one relational connection for multiple variables.
- Some relational connections can involve multiple relationships with a single variable.
- Independent and dependent variables are not erased and remain even when new problems are introduced.
- The more independent variables are selected, the more complex the relational connections become, making it harder to operate the "Design Conceptor." However, the concept is strengthened because it can incorporate more human conditions.

The 'Design Conceptor' is a powerful tool for problem-solving. It is a new way of expressing ideas that have yet to be put into words. It helps visualize complex problems and turns them into clear and concise concepts. Concepts are abstract thought structures that emerge during the creation of something new.

One of the most essential parts of this process is transforming tacit knowledge, which cannot be expressed in words, into explicit knowledge, which everyone can understand.

Concepts are broadly divided into linguistic and non-linguistic concepts. "Linguistic concepts" are created with language, while "non-linguistic concepts" are created with feelings, images, or visuals. Linguistic concepts are more critical than non-linguistic concepts for understanding and developing ideas. A concept created with language (linguistic concept) is more effective.

"디자인 콘셉토"를 효과적으로 사용하기 위해서는 다음과 같은 조건을 지켜야 한다.

- 효율적인 아이디어 구상을 위해서는 두 개 이상의 변수가 필요하다.
- 아이디어는 두 개 이상의 IDV와 DV의 관계가 필요하다.
- 효율적인 콘셉트를 위해서는 두 개 이상의 아이디어가 필요하다.
- 콘셉트는 아이디어를 수정하거나 아이디어를 결합할 수 있다.
- 관계적 연결은 중요성에 따라 순서를 정할 수 있다.
- 관계적 연결이 하나 이상이어야 변수가 두 개 이상이 된다.
- 어떤 관계적 연결은 한 변수와 두 번 이상의 관계를 가질 수 있다.
- IDV와 DV는 지워지지 않는다. 그러므로 새로운 문제가 입력되어도 존재한다.
- IDV를 많이 선택할수록 관계적 연결이 복잡해지고 "콘셉토"를 운영하기 어렵지만, 콘셉트는 인간의 조건을 더 포함할 수 있기 때문에 강화된다.

"디자인 콘셉토"는 문제해결을 위한 새로운 개념과 아이디어라고 할 수 있으며, 아직 존재하지 않은 개념이나 아이디어를 말이나 글로 표현할 경우에 사용된다. 아직 존재하지 않은 문제해결을 콘셉트라는 아이디어로 이미지화하는 것이다. 그래서 콘셉트는 새로운 것을 탄생시킬 때 나타나는 추상적인 사고방식 구조이자, 그것을 간단하고 명확하게 표현한 것이다. 콘셉트란 암묵지(언어로는 표현할 수 없는 지식)를 모두가 알 수 있도록 형식지(언어로 표현할 수 있는 지식)로 바꾼 것이다. 콘셉트는 크게 언어적 개념과 비언어적 개념으로 나뉜다. '언어적 개념'은 개념을 언어로 만든 것이며, '비언어적 개념'은 개념을 느낌이나 영상, 이미지로 만든 것이다. 콘셉트를 이해하고 콘셉트를 개발하는 데에 있어서는 비언어적 개념보다 언어적 개념이 중요하다. 콘셉트는 언어로 만든 언어적 개념이 더 효과적이다.

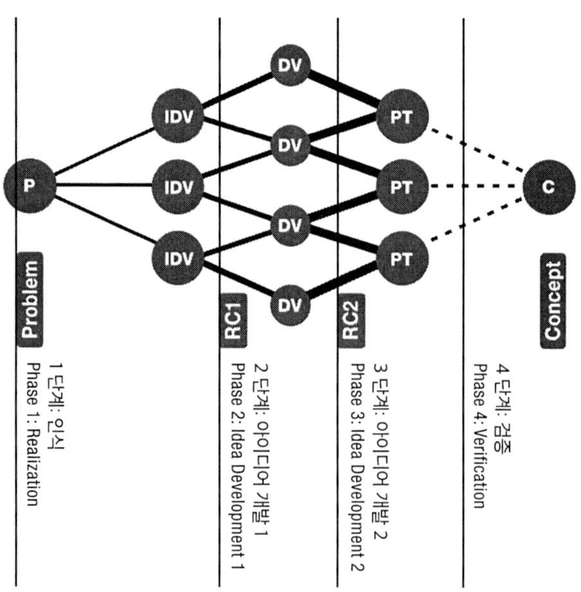
P
IDV
IDV
IDV
DV
DV
DV
DV
PT
PT
PT
C
Problem
RC1
RC2
Concept
1 단계: 인식
Phase 1: Realization
2 단계: 아이디어 개발 1
Phase 2: Idea Development 1
3 단계: 아이디어 개발 2
Phase 3: Idea Development 2
4 단계: 검증
Phase 4: Verification

콘셉트 개발로서 "디자인 콘셉토" 학습의 기대효과는 학습자들에게 1) 저효과적 기록을 고효과적 기록으로 변환할 수 있게 하고, 2) 문제 인식을 확산사고로 유도할 수 있게 하고("디자인 콘셉토" 과정에서는 확산사고를 하지만 콘셉트를 설정하거나 수정할 경우에는 수렴사고를 행한다), 3) 서술지식, 개념지식, 절차지식을 사용하게 하고, 4) 직관적인 방법을 사용하지 않고 의도적인 창의력 구사를 가능하게 한다.

위에서 제시한 "디자인 콘셉토" 학습의 기대효과를 가능케 하는 "디자인 콘셉토" 학습 과정을 다음과 같이 기술한다.
1 단계 : 인식
2 단계 : 아이디어 개발 1
3 단계 : 아이디어 개발 2
4 단계 : 검증

Learning about 'Design Conceptor' as part of concept development has several expected outcomes for learners. These include transforming ineffective ideas into effective ones; encouraging divergent thinking for problem-solving; utilizing declarative, conceptual, and procedural knowledge; and deliberately using creativity instead of intuition.

The process of learning "Design Conceptor," which enables the aforementioned outcomes, is described as follows:
Phase 1. Realization
Phase 2. Idea Development 1
Phase 3. Idea Development 2
Phase 4. Verification

활용 사례
Utilized Case

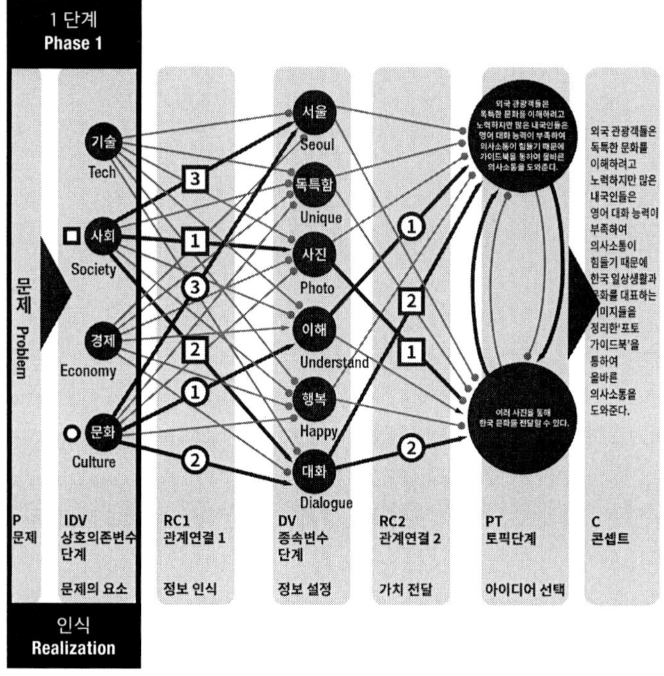

문제: 외국 관광객들을 위한 가이드북

1 단계: 문제의 요소를 정리한다

❶ 문제인 '외국 관광객들을 위한 가이드북'의 핵심 단어는 '외국', '관광객', '외국 관광객', '가이드북'이고, 핵심 단어와 관련된 문제의 요소로서 윤리적인 문제, 사회적인 문제, 문화적인 문제, 교육적인 문제, 철학적인 문제, 상업적인 문제, 과학적인 문제, 전통적인 문제, 정치적인 문제, 역사적인 문제, 국제적인 문제, 심리적인 문제, 개인적인 경험을 정보에 맞추어 조사한다. 이때 정보는 다양한 조사 방법으로 문제를 탐색하여 인식하는 단어/문장들이다. 문제해결자는 '외국 관광객들을 위한 가이드북'의 문제의 요소를 '문화적인 문제'와 '사회적인 문제'로 규정하였다.

❶ 문제에 적합한 핵심단어(2개 이상)를 선택하고 문제의 요소에 따라 필요한 자료를 수집하고 분석한다. 이때 저효과적 기록들을 고효과적 기록으로 전환시키기 위하여 노력한다. 즉 문제에 관련된 중요한 자료들을 뇌에 입력시켜야 한다.

Select two or more key terms relevant to the problem, then collect and analyze the necessary data according to the elements of the problem. In this process, try to convert low-strength records into high-strength records. In other words, essential data related to the problem must be input into the brain.

❶ Problem: Guidebook for Foreign Tourists

Key Terms: 'foreign,' 'tourists,' 'foreign tourists,' 'guidebook.'

Relevant Elements of the Problem:
- Ethical issues
- Social issues
- Cultural issues
- Educational issues
- Philosophical issues
- Commercial issues
- Scientific issues
- Traditional issues
- Political issues
- Historical issues
- International issues
- Psychological issues
- Personal experiences

The information should be thoroughly investigated and recognized through various research methods using these terms/sentences. The problem solver has defined the elements of the problem of the 'guidebook for foreign tourists' as 'cultural issues' and 'social issues'.

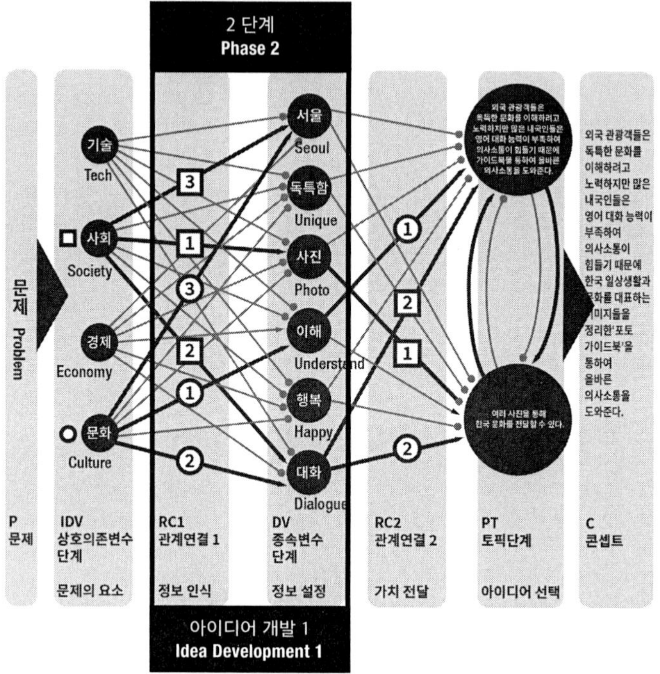

Step 2: Establish Information Related to the Problem's Elements

❶ The problem solver selects terms related to the elements of the problem, which are 'cultural issues' and 'social issues' identified in Step 1. Among the many relevant words, the solver chooses 'Seoul,' 'unique,' 'photo,' 'understanding,' 'happy,' and 'dialogue.'

Step 3: Recognize the Elements of the Problem of the Information

❷ The conditions that connect Step 1 and Step 2 should be analyzed to fit the problem. The elements of the problem 'cultural issues' and 'social issues' from Step 1 and Step 2 are linked to the selected words: 'Seoul,' 'unique,' 'photo,' 'understanding,' 'happy,' and 'dialogue.' These words are interconnected according to the importance of the connections as perceived by the problem solver. The problem solver's control over the sequence of connections is determined based on the significance of these connections, empowering them in the problem-solving process.

종속변수$_{DV}$들은 교환변수로서 여러 상호의존변수$_{IDV}$를 보조한다.

❶ 문제가 주어지면, 학습자는 문제에 대한 문제를 먼저 인식해야 한다. 그리고 문제해결을 위한 상호의존변수$_{IDV}$인 문제의 요소들(심리적인 문제, 역사적인 문제, 경제적인 문제, 사회적인 문제, 환경적인 문제, 기술적인 문제, 문화적인 문제 등)과 종속변수$_{DV}$인 명사와 동사(표현이나 지적이 가능한 단어)를 연결한다.

❷ 이때 학습자는 문제와 밀접하게 연관된 상호의존변수를 선택할 수도 있고 연관되지 않은 상호의존변수를 선택할 수 있다. 그리고 종속변수는 문제와 상호의존변수의 관계에 따라 설정한다. 이런 IDV와 DV의 연결의 정도는 학습자에 따라 다르다. 처음 "디자인 콘셉토"를 학습하는 학습자들은 IDV 2개, 각 IDV는 2, 3개의 DV를 연결하여 학습하도록 권장한다. "디자인 콘셉토"의 특징은 다양한 연결일수록 콘셉트 문장의 길이가 길어지고 복잡해진다.

Dependent variables (DVs) support various interdependent variables (IDVs).

❶ When facing a problem, the learner needs first to identify the underlying issue related to the problem. Then, they should link the elements of the problem—IDVs such as psychological, historical, economic, social, environmental, technological, and cultural issues—with DVs, which are nouns and verbs (terms that can be expressed or identified).

❷ During this process, the learner can choose IDVs that are either closely related or unrelated to the problem. The dependent variables are then determined based on the relationship between the problem and the interdependent variables. The strength of the connection between these IVs and DVs varies depending on the learner. For beginners studying 'Design Conceptor,' it is advisable to connect 2 IDVs, each IDV linked to 2 or 3 DVs. The 'Design Conceptor' is characterized by the fact that the more diverse the connections, the longer and more intricate the concept sentences become.

2단계: 문제의 요소와 관련된 정보를 설정한다.

❶ 문제해결자는 문제의 요소인 '문화적인 문제'와 '사회적인 문제' [1단계]와 관련된 많은 단어들 중에 '서울', '독특함' ,'사진', '이해', '행복', '대화'를 선택하였다.

3단계: 문제의 요소를 문제의 요소와 관련된 정보에 맞게 인식한다.

❷ 1단계와 2단계를 연결해주는 조건들을 문제에 맞추어 분석하게 한다.'외국 관광객들을 위한 가이드북'의 문제의 요소인 '문화적인 문제'와 '사회적인 문제' [1단계]와 [2단계]에서 준비된 단어들 중에서 '서울', '독특함', '사진', '이해', '행복', '대화'를 선택하여 관계를 연결하고, 문제해결자가 의식하는 연결의 중요성에 맞추어 연결의 순서를 정한다.

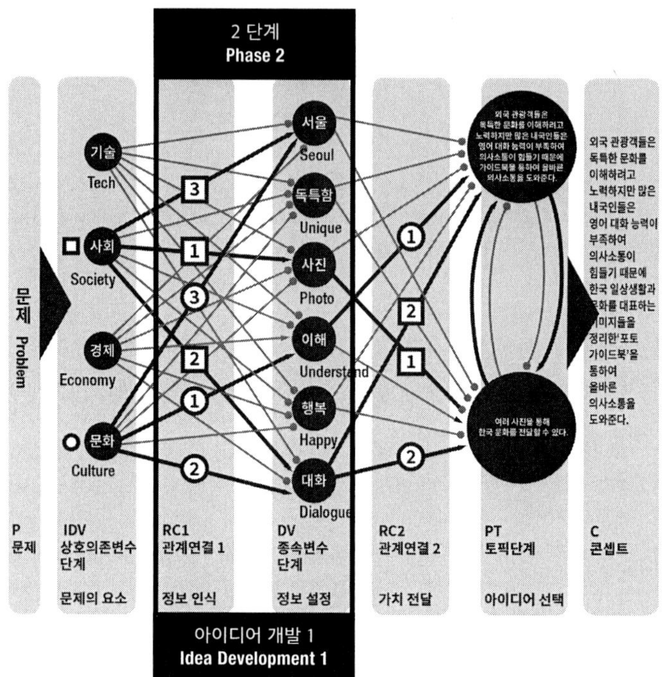

❸ 문제해결자는 '사회적인 문제'와 연결된 단어 순서를 1) '사진', 2) '대화', 3)' 독특함'으로 정하고, '문화적인 문제'와 연결된 단어 순서를 1) '이해', 2) '대화', 3) '서울'로 정하였다. 그리고 연결한 관계를 문제에 맞추어 풀어 해석한다. 즉 '외국 관광객들을 위한 가이드북'이나 '외국 관광객'의 '사회적인 문제'와 '독특함'은 '새로운 사회를 경험하는 관광객들의 감정을 해석하고, '문화적인 문제'와 '이해'는 '외국 관광객의 어려운 의사소통'과 같이 해석할 수 있다.

4단계: 문제의 종류와 문제의 요소의 가치를 전달한다.

❹ 4단계에서는 3단계에서 연결된 단어들을 중심으로 중요성에 따라 5단계에 필요한 정보의 순서를 정하였다.'대화'는 '사회적인 문제'에서 중요성 2위, '문화적인 문제'에서 중요성 2위이므로 두 문제의 요소 [사회와 문화]를 교차하는 중요한 정보이자 '외국 관광객들을 위한 가이드북'의 문제의 요소를 다룰 수 있는 정보이다. 문제해결자는 '사회적인 문제'의 연결 중에 중요성 1위인 '사진'과 '문화적인 문제'의 연결 중에 중요성 1위인 '이해'를 선정하고, 두 문제의 요소를 교차하는 중요한 정보인'대화'를 선정하였다. 그리고 그 관계의 의미를 찾기 위해 연구를 수정한다.

종속변수$_{DV}$들은 교환변수로서 여러 상호의존변수$_{IDV}$를 보조한다.

❸ IDV와 DV의 연결은 관계적 연결 1 [RC1]로서 직접적인 영향에 의한 연결일 수도 있고 강제적인 연결일 수도 있다. 이때 강제적인 연결일수록 창의적인 콘셉트가 창안될 확률이 높다. RC1은 두 IDV가 DV 하나를 같이 공유할 경우도 있고, 이런 경우 연결은 중요하게 된다.

❹ 이렇게 IDV와 DV를 의도적으로 연결한 후 RC1들의 가중치를 설정한다. 중요한 연결에서 중요하지 않은 연결까지 순서를 매긴다. 정해진 순서는 다음 단계에서 유용하게 사용된다. 이것으로 2 단계가 마무리된다.

Dependent Variables (DVs) as Exchange Variables Supporting Multiple Interdependent Variables (IDVs)

❸ The relationship between IDVs and DVs can be a relational connection 1 (RC1), which may result from direct influence or a forced connection. Forced connections often lead to the creation of more creative concepts. RC1 can occur when two IDVs share one DV, making the connection significant.

❹ After intentionally connecting the IDVs and DVs, the weights of the RC1s are determined. These connections are then ranked from most important to least important. The established order will be useful in the next stage. This concludes Step 2.

❸ The problem solver has determined that the sequence of terms connected to 'social issues' is 1) Photo, 2) Dialogue, and 3) Unique. For 'cultural issues,' the sequence is 1) Understanding, 2) Dialogue, and 3) Seoul. Crucially, the connections are interpreted in the context of the problem. For example, the 'social issue' and 'unique' can be interpreted as understanding tourists' emotions when experiencing a new society. The 'cultural issue' and 'understanding' can be interpreted as addressing the difficulties foreign tourists face in communication.

❹ Step 4: Convey the Value of Problem Types and Elements
Step 4 focuses on organizing the information determined in Step 3 according to its profound importance in Step 5. 'Conversation' ranks second in importance in both 'social issues' and 'cultural issues,' making it crucial information that intersects both elements and addresses the problem of the guidebook for foreign tourists. The problem solver selects the top-ranked connection for 'social issues' (Photo) and 'cultural issues' (Understanding), as well as the critical intersecting information (Dialogue). The research is then refined to find the meaning of these connections.

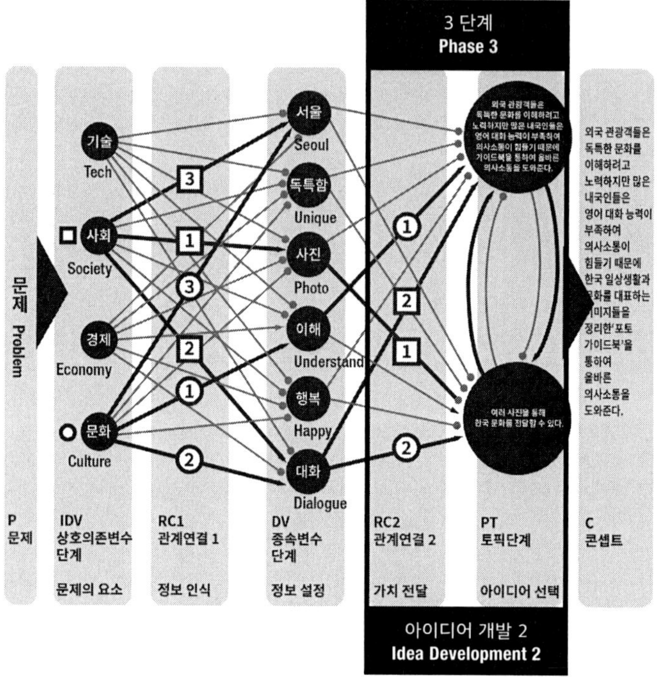

5단계 : 디자인 문제에 맞는 아이디어를 선택한다.

❶ 문제해결자는 4 단계를 바탕으로 아이디어를 연구한다. '외국 관광객들을 위한 가이드북'의 아이디어는 사회적인 문제와 문화적인 문제를 다루는데 있어 '대화', '사진', '이해'를 중심으로 여러 가지 뜻을 암시하거나 내포하는 일을 한다. 이 경우 '대화', '사진', '이해'를 중심으로 아이디어를 창안하는 것이 아니라, '대화', '사진', '이해'의 사회적인 면과 문화적인 면을 연구하여야 한다. 3단계에서 연구한 관계를 바탕으로 아이디어를 창안한다.

Step 5: Selecting an Idea Suitable for the Design Problem

❶ After conducting research based on step 4, the problem solver should focus on generating ideas for a "guidebook for foreign tourists" that addresses social and cultural issues. The emphasis should be on "dialogue," "photos," and "understanding," hinting at various meanings. Rather than creating ideas centered on these concepts, it is essential to research the social and cultural aspects linked to them. The ideas should be developed based on the relationships studied in step 3.

여러 상호의존변수(IDV)는 공동종속변수로서 토픽(PT)와 콘셉트와 아주 밀접한 관계를 갖고 있다.

❶ 2 단계에서 준비한 RC1 순서를 기준으로 2개 이상의 RC1을 선택하여 토픽 문장인 아이디어를 쓴다. 처음 교육 받은 학생들은 여러 RC1에서 2개 이상을 선택하지 말아야 한다. RC1을 많이 선택할수록 PT 문장 작성은 더 힘들게 되지만 문장의 내용은 향상된다. IDV와 DV를 연결하는 RC1 그룹은 RC2로 통해 PT가 이루어진다.

Various interdependent variables (IDVs) are closely related to the topic (PT) and concept as joint dependent variables.

❶ Using the RC1 sequence prepared in step 2 as a basis, select two or more RC1s to write the topic sentences as ideas. Beginners should avoid selecting more than two RC1s from the various options. Although choosing more RC1s makes writing the PT sentences more challenging, it improves the content of the sentences. The RC1 group that connects IDVs and DVs forms the PT through RC2.

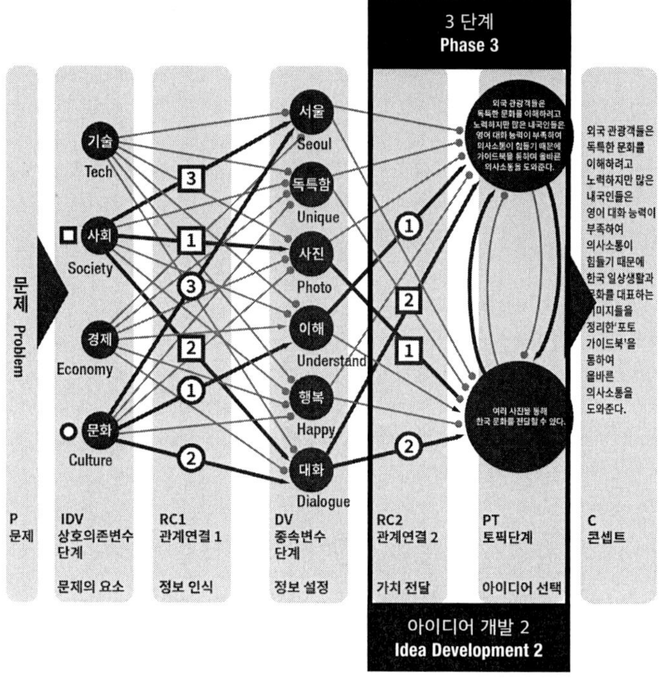

❷ 즉 '이해'와 '대화'를 선정할 경우 '이해'는 '문화적인 문제'의 1순위이고, '대화'는 '문화적인 문제'의 2순위이며 동시에 '사회적인 문제'의 2순위이다. '사회적인 문제'와 '대화'의 관계는 '많은 한국인들은 영어 대화 능력이 부족하다'로 해석할 수 있으며, '문화적인 문제'와 '이해'의 관계는 '외국 관광객들은 독특한 문화를 이해하려고 노력한다'로 해석할 수 있다. 이 두 해석을 합치면 "외국 관광객들은 독특한 문화를 이해하려고 노력하지만 많은 내국인들은 영어 대화 능력이 부족하여 의사소통이 힘들기 때문에 가이드북을 통하여 외국 관광객들과 내국인들의 올바른 의사소통을 도와 불편을 도와준다"라는 아이디어를 도출할 수 있다.

❷ PT 문장 작성 방법은 항상 디자인 문제의 타깃을 인식하고 기입해야 한다. 디자인의 목적은 사회와 그 타깃인 인간을 지향하기 때문에 콘셉트에 가까워지는 단계인 3단계에서 PT 문장을 고안할 때 신중하게 생각해야 한다. 이때 PT문장은 2개 이상이어야 다음 단계에서 창의적인 디자인 콘셉트가 창안될 수 있다. 콘셉트는 여러 아이디어 중에서 창의적이고 특별한 아이디어이기 때문이다. PT 문장을 모아 읽고 제일 독특한 아이디어를 선택하거나 아이디어를 연합하여 새로운 콘셉트를 창안한다.

❷ The method for writing PT sentences should always recognize and address the target of the design problem. Since the purpose of design is oriented towards society and its human target, careful consideration is necessary when devising PT sentences at step 3, which is closer to the concept stage. At this stage, there should be two PT sentences to enable the creation of creative design concepts in the next phase. These concepts are not just ideas; they are unique and creative solutions. Read the collected PT sentences, choose the most unique idea, or combine ideas to create a new concept.

❷ For example, if “understanding” and “dialogue” are chosen, the problem solver's creative thinking and problem-solving skills come into play. “Understanding” is identified as the primary concern regarding “cultural issues,” while “dialogue” is the second priority for both “cultural issues” and “social issues.” The connection between “social issues” and “dialogue” may be interpreted as “many Koreans lack English conversation skills.” In contrast, the relationship between “cultural issues” and “understanding” may be seen as “foreign tourists strive to understand unique cultures.” Combining these two interpretations, the problem solver can generate the idea: “Foreign tourists strive to understand unique cultures, but many locals have insufficient English conversation skills, making communication difficult. Therefore, the guidebook helps facilitate proper communication between foreign tourists and locals, alleviating inconvenience.” This process demonstrates the problem solver's creativity and inspires and motivates them to continue developing innovative ideas.

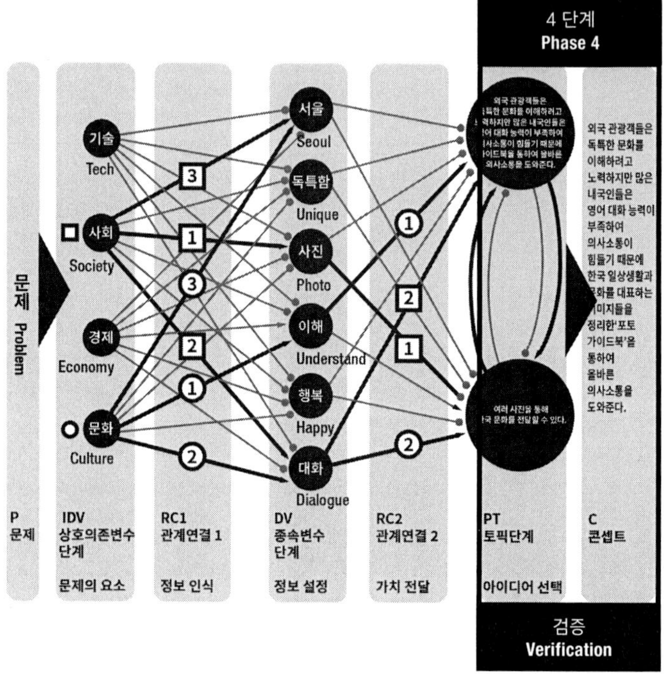

4 단계 : 다양한 아이디어 중에 콘셉트를 선택한다.

❶ 문제해결자는 5단계에서 창안한 다양한 아이디어 중에서 "외국 관광객들은 독특한 문화를 이해하려고 노력하지만 많은 내국인들은 영어 대화 능력이 부족하여 의사소통이 힘들기 때문에 가이드북을 통하여 외국 관광객들과 내국인들의 올바른 의사소통을 도와 불편을 도와준다"를 선택하고, 다른 아이디어를 확인하여 선택한 아이디어를 수정한다. 이 문제해결자는 선택되지 못한 아이디어 중에서 "여러 사진을 통해 한국 문화를 전달할 수 있다"의 가능성을 인식하여 선택한 아이디어 문장에 응용하여 본다. 그리하여 새로운 콘셉트인 "외국 관광객들은 독특한 문화를 이해하려고 노력하지만 많은 내국인들은 영어 대화 능력이 부족하여 의사소통이 힘들기 때문에 한국 일상생활과 문화를 대표하는 이미지들을 정리한 '포토 가이드북'을 만들어 외국 관광객들과 내국인들의 올바른 의사소통을 도와 불편을 덜어주고 좋은 인상을 남긴다"를 창안하였다.

Step 4: Select a Concept from Various Ideas

❶ The problem solver selects the idea, "Foreign tourists strive to understand unique cultures, but many locals have insufficient English conversation skills, making communication difficult. Therefore, a guidebook helps facilitate proper communication between foreign tourists and locals, alleviating inconvenience" from the various ideas generated in step 5. The solver then reviews other ideas to modify the chosen one. Recognizing the potential of the unused idea, "Korean culture can be conveyed through various photos," the solver incorporates this into the selected idea.

❶ 콘셉트를 지능적으로 조사하고 결정한다. 선택한 콘셉트가 주어진 문제를 충분히 창의적으로 해결했는지 조사하고, 결과물 개발 단계에 필요한 콘셉트인지 신중히 결정한다. 콘셉트가 의뢰인, 타깃, 메시지 모두 충족시키고 있는지를 검증해야 한다.

주의 할 점
처음 배우는 학습자들에게 두 개 이상의 IDV를 사용하는 것이 너무 힘들다는 것이다. 그렇다고 IDV 하나를 가지고 콘셉트를 구상하기는 적합하지 않다. 두 개 이상이어야 적합한 콘셉트 문장을 연구할 수 있다. 그래서 "디자인 콘셉토"에 익숙해질 동안 IDV 두 개 이상은 사용하지 말아야 한다. 두 개가 익숙하면 세 개, 세 개가 익숙해지면 네 개를 사용할 수 있다. 이런 과정에 차차 익숙해지면 "디자인 콘셉토" 모델이 없어도, 도표를 보고 쉽게 아이디어를 구상할 수 있다. 이 후로는 "디자인 콘셉토" 모델을 응용하지 않고 IDV와 DV 도표를 보아도 콘셉트 문장을 쓸 수 있다. "디자인 콘셉토"를 지속적으로 사용할 경우 IDV와 DV는 계속 증가한다. 즉 문제를 풀었다고 해서 문제의 IDV와 DV는 인간의 뇌에 저장되어 있는 기억처럼 소멸되지 않는다.

❶ When investigating and deciding on a concept, it is essential to determine whether the chosen concept effectively solves the given problem creatively and adequately. Ensuring that the concept satisfies the client, the target audience, and the message is necessary.

Here are some essential points to consider:
- Using up to two IDVs (Important Design Variables) can overwhelm beginners. However, using only one IDV is not appropriate either. Using at least two IDVs to study appropriate concept sentences is essential. Beginners should not use more than two IDVs until they become familiar with the "Design Conceptor" model. Once they are comfortable with two, they can gradually use three and then four as they become more proficient.
- As learners become more familiar with this process, they can generate ideas quickly by looking at diagrams without relying on the "Design Conceptor" model. Eventually, they can write concept sentences by examining IDV and DV (Design Variable) diagrams without applying the "Design Conceptor" model.
- Regular use of the "Design Conceptor" will increase IDVs and DVs. It is important to note that solving a problem does not result in the disappearance of its IDVs and DVs, as they remain stored in memory, similar to human brain retention.

Thus, a new concept is created: "Foreign tourists strive to understand unique cultures, but many locals need more English conversation skills, making communication difficult. Therefore, a 'photo guidebook' that organizes images representing Korean daily life and culture is created to help facilitate proper communication between foreign tourists and locals, alleviating inconvenience and leaving a good impression."

Expected Effects of Design Conceptor Education

The expected effects of "Design Conceptor" education on the development of design concepts are as follows:

1. "Design Conceptor" education enables students to transform low-effectiveness into high-effectiveness records, enhancing their practical skills.
2. "Design Conceptor" education guides students toward divergent thinking for problem recognition. Divergent thinking is employed during the "Design Conceptor" process, while convergent thinking is used when establishing or modifying design concepts.
3. "Design Conceptor" education encourages using descriptive, conceptual, and procedural knowledge.
4. "Design Conceptor" education facilitates intentional creativity without using intuitive methods.

The educational process of "Design Conceptor" that enables the expected effects mentioned above is described as follows:

1. Phase 1: Problem Realization Phase: Identifying and understanding the problem.
2. Phase 2: Divergent Thinking Phase: Generating various ideas and solutions.
3. Phase 3: Convergent Thinking Phase: Narrow the ideas and select the most viable ones.
4. Phase 4: Concept Verification Phase: Testing and validating the chosen concepts.

디자인 콘셉토 Design Conceptor	
인지과학 모형에 의한 콘셉트 개발 Concept development using cognitive science models	기본요소 Basic elements
문제 Problem	P
문제의 요소 Elements of the Problem	IDV
문제의 요소를 문제의 요소와 관련된 정보에 맞게 인식 Understanding the elements of the problem in relation to relevant information	RC1
문제의 요소와 관련된 정보 설정 Defining the information that is related to the elements of the problem	DV
디자인 문제의 종류와 문제의 요소의 가치 전달 Conveying the types of design problems and the value of the elements involved	RC2
아이디어 선택 Choosing the most suitable ideas to address the problem	PT
콘셉트 결정 Finalizing the concept that will guide the design solution	C

디자인 콘셉트 개발로서 "디자인 콘셉토" 교육의 기대효과는 학생들에게 1) 저효과적 기록을 고효과적 기록으로 변환할 수 있게 하고, 2) 문제 인식을 확산사고로 유도할 수 있게 하고 ("디자인 콘셉토" 과정에서는 확산사고를 하지만 디자인 콘셉트를 설정하거나 수정할 경우에는 수렴사고를 수행한다), 3) 서술지식, 개념지식, 절차지식을 사용하게 하고, 4) 직관적인 방법을 사용하지 않고 의도적인 창의력 구사를 가능하게 한다.

위에서 제시한 "디자인 콘셉토" 교육의 기대효과를 가능케 하는 "디자인 콘셉토" 교육과정을 다음과 같이 기술한다.

1 단계 : 문제 인식 단계 Problem Realization Phase
2 단계 : 확장사고 단계 Divergent Thinking Phase
3 단계 : 수렴사고 단계 Convergent Thinking Phase
4 단계 : 콘셉트 검증단계 Concept Verification Phase

콘셉트 Concept		
문제해결 사고 Problem-solving thinking	문제 인식 Problem recognition	문제해결 Problem-solving
	불량정의 문제 Ill-defined Problem	문제 Problem
확산사고 Divergent Thinking	불량정의 문제 Ill-defined Problem	조사 Research
불량정의 문제 Ill-defined Problem	불량정의 문제 Ill-defined Problem	문제인식 Recognizing Problem
불량정의 문제 Ill-defined Problem	불량정의 문제 Ill-defined Problem	문제인식 Recognizing Problem
불량정의 문제 Ill-defined Problem	불량정의 문제 Ill-defined Problem	문제인식 Recognizing Problem
불량정의 문제 Ill-defined Problem	불량정의 문제 Ill-defined Problem	자발적인 시도 Spontaneous Trials
수렴사고 Convergent Thinking	양정의 문제 Defined Problem	해명 Clarification

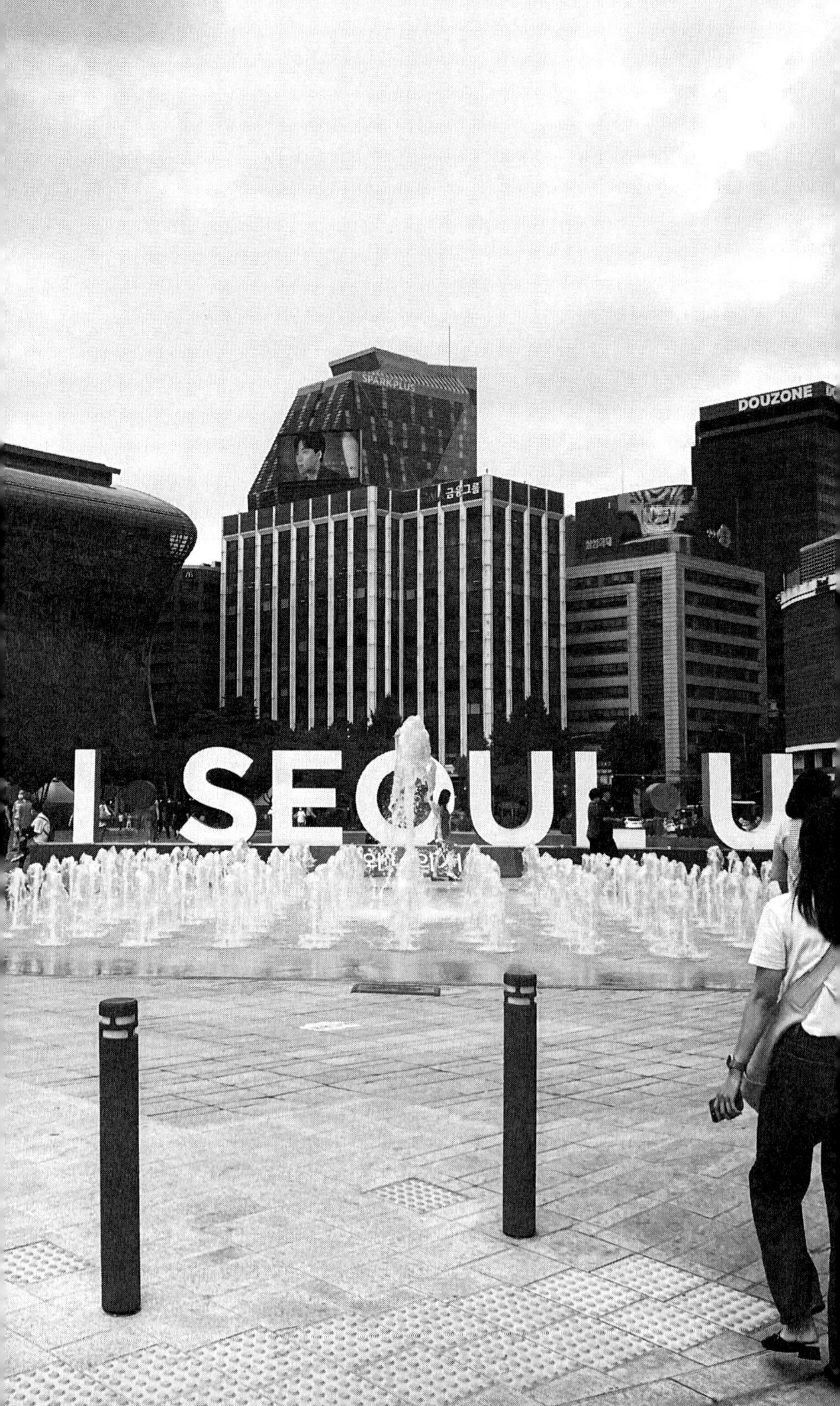
SPARKPLUS
DOUZONE
I SEOUL U

참고문헌 • 연구 여정

References & Research Journey

Image
by Albert Young Choi

<국내 문헌>

- Babbie, E (2001). The Practice of Social Research. 『사회조사방법론』. 고성호 외(역). 도서출판 그린. 2002.
- HR Institute (2002). How to Create a Decisive Concept. 『좋은 컨셉은 어떻게 만들어지는가』. 양영철(역). 서울: 기획출판 거름. 2005.
- Koberg, Don, Jim Bagnall (1988). The Universal Traveler: a Soft-Systems Guide to Creativity, Problem-Solving & the Process of Reaching Goals. 『자기계발 학습시리즈: 창의적 문제해결(상)』. 김종화(역). 알파경영력신센터. 1999.
- Koberg, Don, Jim Bagnall (1988). The Universal Traveler: a Soft-Systems Guide to Creativity, Problem-Solving & the Process of Reaching Goals. 『자기계발 학습시리즈: 창의적 문제해결(하)』. 김종화(역). 알파경영력신센터. 1999.
- Lumsdaine, Edward, Monika Lumsdaine, J. William Shelnutt (1999). Creative Problem Solving and Engineering Design. 『창의적 문제해결과 공학설계』. 명지대학교 창의공학 연구회(역). 파워북. 2000.
- Maxwell, John C. (2003). Thinking for a Chance. 『생각의 법칙 10+1』. 정인태(역). 청림출판. 2003.
- Monahan, Tom (2002). The Do-it-yourself Lobotomy: Open Your Mind to Greater Creative Thinking. 『다르게 생각하라!』. 강미경(역). 마젤란. 2005.
- Treffinger, Donald, J., Scott G. Isaksen, K. Brian Dorval (2000). CPS (Creative Problem Solving). 『CPS: 창의적 문제해결』. 김영채(역). 서울: 박영사. 2004.
- VanGundy, Arthur B. (1995). Brain Boosters for Business Advantage. 『두뇌 증폭기』. 조영희(역). 커뮤니케이션북스. 2005.
- White, Sarah, P. Patton G. Wright (2002). New Ideas About New Ideas: Insights on Creativity from the World's Leading Innovators. 『세상을 깨우는 기발한 아이디어』. 김세주(역). 서울: 국일 증권경제연구소. 2003.
- 奈良井 安(2002). Positive Thinking + Logical Problem Solving. 『문제해결력 트레이닝』. 김영철(역), 서울: 일빛. 2005.
- 高橋誠(1997). Kikaru-Ryoku Wo Tsukeru. 『기획력을 기른다』. 김영신(역). 지식공작소. 2002.
- 高橋誠(2004). Rival Ni Sa Wo Tsukeru Hon Sokko! Business Hassouho. 『비즈니스 경쟁에서 이기는 창조적 발상의 기술』. 정영교(역). 매일경제신문사. 2005.
- 天野祐吉(1985). 廣告の言葉(キ-ワ-ド). 『광고의 키워드: 컨셉트에서 감성까지』. 손혜민(역). 디자인하우스. 1997.

<국외 문헌>

- Anderson, John R. (2000). Learning and Memory: An integrated approach. New York: Freeman.
- Arnheim, Rudolf (2004). Art and Visual Perception: A Psychology of the Creative Eye. CA: University of California Press.
- Byrnes, James P. (2001). Minds, Brains, and Learning. New York: The Guilford Press.
- Carroll, John S. (1990). Decision Research. Newburry Park, CA: Sage Publications.
- Choi, Inyoung (2005). United Designs: Graphic Design Practice & Education. Seoul: Masthead Publisher.
- Crick, Francis (1979). "Thinking about the brain". Scientific America. No 241.
- Duncker, K. (1945). "On Problem Solving". Psychological Monographs, No 58.
- Finke, Ronald. A. (1990). Creative Imagery: Discoveries and Inventions in Visualization. Hillsdale, NJ: Erlbaum.
- Finke, Ronald, A. (1996). Creative Cognition: Theory, Research, and Applications. Cambridge, MA: MIT Press.
- Guilford, J. P. (1950). "Creativity". American Psychologist, No 5.
- Guilford, J. P. (1956). "The Structure of Intellect". Psychological Bulletin, No 53.
- Guilford, J. P. (1968). Intelligence, Creativity, and Their Educational Implications. San Diego, CA: Knapp.
- Hausman, C. R. (1984). A Discourse on Novelty and Creation. Albany, NY: State University of New York Press.
- Hayes, J. R., etc al. (1989). Handbook of Creativity: Assessment, Theory and Research. New York: Plenum.
- Hawkins, Jeff (2004). On Intelligence. New York: Owl Books.
- Imber, Jane and Betsy-Ann Toffler (1987). Dictionary of Advertising and Direct Mail Terms. New York: Barron's.
- Jordan, M. I. (1986). "Serial order: A parallel distributed processing approach". UCSD Tech Report 80604. Institute for Cognitive Science, University of California San Diego.
- Kandinsky, Wassily (1977). Concerning the Spiritual in Art. New York: Dover Publications.
- Lauder, Dave A., Stephen Pentak (2004). Design Basics. 6th Ed.. Orlando, FL: Wadsworth Publishing.
- Martindale, C. (1981). Cognition and Consciousness. Homewood, IL: Dorsey.
- McCullock, W. S. and W. H. Pitts (1947). "How we know universals: the perception of auditory and visual forms". Bulletin of Mathematical Biophysics. 9:127ff.

- Mednick, S. A. (1962). "The Associative Basis of the Creative Process". Psychological Review, No 69.
- Mendelsohn, G. A. (1976). "Associative and Attentional Processes in Creative Performance.". Journal of Personality. No 44.
- Minsky, M. and S. Papert (1969). Perceptrons. Cambridge, MA: MIT Press.
- Osborn, A. (1953). Applied Imagination. New York: Charles Scriber's Sons.
- Paivio, A. (1971). Image and Verbal Processes. New York: Holt, Rinehart & Winston.
- Papanek, Victor (1985). Design for the Real World. 2nd Edition. Chicago: Academy Chicago Publishers.
- Pearce, Michael, etc al. (1971). Appraising the Economic and Social Effects of Advertising. Cambridge, MA: Marketing Science Institute.
- Pierce, Charles Sanders. Collected Papers.
- Reitman, William R. (1965). Cognitive and thought: An information processing Approach. New York: Wiley.
- Rumelhard, D. E., etc al (1986). Parallel Distributed Processing: Explorations in the Micro-structure of Cognition Vol 1. Cambridge, MA: MIT Press.
- Rumelhard, D. E., etc al (1986). Parallel Distributed Processing: Explorations in the Micro-structure of Cognition Vol 2. Cambridge, MA: MIT Press.
- Russell, Thomas and Rolald Lane (1990). Kleppner's Advertising Procedure. 11th Edition. New Jersey. Prentice Hall.
- Schultz, Don E. and Beth E. Barnes (1971). Strategic Brand Communication Campaigns. Illinois: NTC Business.
- Shepard, R. N. and L. A. Cooper (1986). Mental Images and Their Transformations. Cambridge MA: MIT Press.
- Simonton, D. K., Genius (1984). Creativity, and Leadership: Historiometric Inquiries. Cambridge, MA: Harvard University Press.
- Stoops, Jack and Jerry Samuelson (1990). Design Dialogue. Worcester, MA: Davis Publications.
- Terman, L. M. (1959). The Gifted Child at Midlife. Standford: Stanford University Press.
- Torrance, E. P. and R. E. Myers (1970). Creative Learning and Teaching. New York: Dodd, Mead.
- Wallas, G. (1926). The Art of Thought. New York: Harcourt, Brace & World.

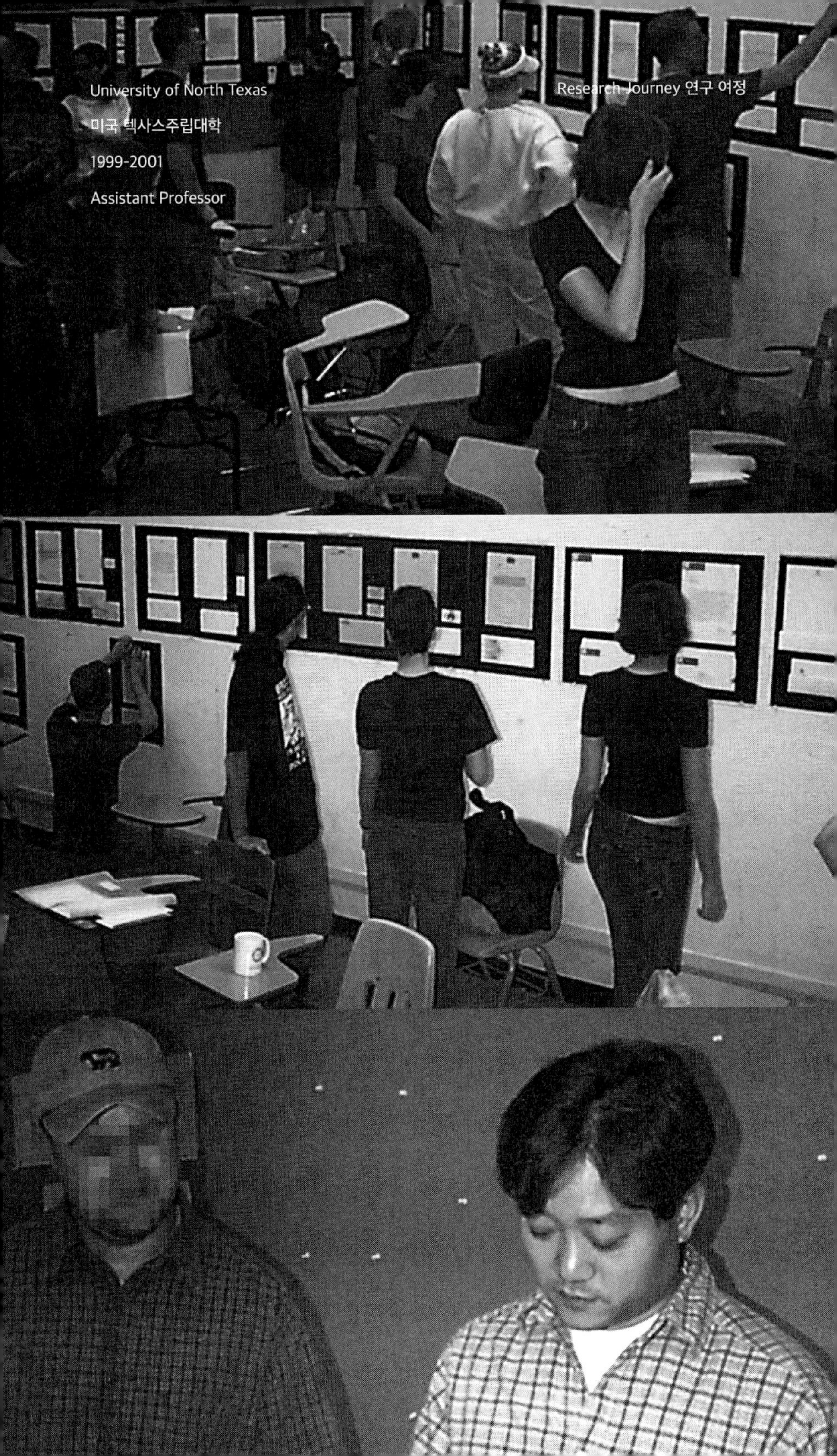

University of North Texas

미국 텍사스주립대학

1999-2001

Assistant Professor

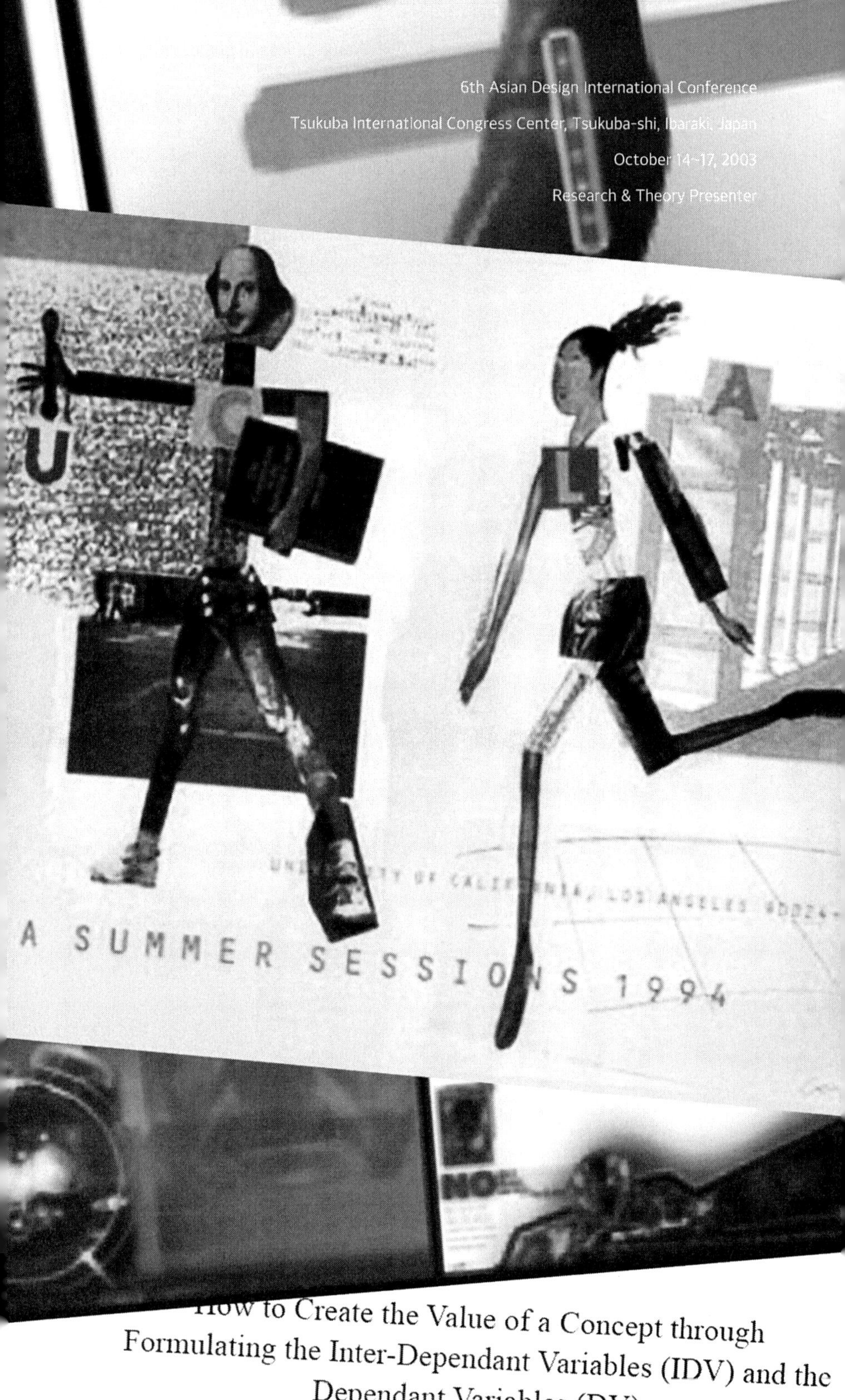

How to Create the Value of a Concept through Formulating the Inter-Dependant Variables (IDV) and the Dependant Variables (DV)

USA Presentation Tour ‘Conceptor & Formalization’

Roger Williams University, Oregon State University, and California State University Northridge

January 26-February 8, 2006

Invited Special Lecturer

CONCEPTOR & FORMALIZATION

INTER-DEPENDANT VARIABLES (IDV)

ETHICAL ISSUE

SOCIAL ISSUE

CULTURAL ISSUE

EDUCATIONAL ISSUE

PHILOSOPHICAL ISSUE

BUSINESS ISSUE

SCIENTIFIC ISSUE

TRADITIONAL ISSUE

POLITICAL ISSUE

HISTORICAL ISSUE

INTERNATIONAL ISSUE

PSYCHOLOGICAL ISSUE

PERSONAL EXPERIENCE

DEPENDANT VARIABLES (DV)

STAIN

TENSION

CONTROL

LIFE

ACTION

IMPACT

CONFUSION

DISORDER

PROTECT

HAPPINESS

FORTUNE

DESPAIR

HOPELESS

COMMUNICATION

REVOLUTION

RELIEF

SUPPORT

TOUCH

REPOSSESS

GROWTH

EXPANSION

PROSPERITY

LOGIC

EMOTION

SENTIMENT

PASSION

EMPATHY

DESIGN CONCEPT

INYOUNG CHOI Ph.D

LECTURE SCHEDULE

1.26 ROGER WILLIAMS UNIVERSITY
THUR 5:30PM BRISTOL RHODE ISLAND

2.01 UNIVERSITY OF OREGON
WED 7:30PM EUGENE OREGON

2.08 CALIFORNIA STATE UNIVERSITY NORTHRIDGE
WED 7:30PM NORTHRIDGE CALIFORNIA

This design methodology is based on the statement, "THE DEPENDANT VARIABLES ARE INTERCHANGEABLE VARIABLES THAT SUPPORT THE INTER-DEPENDANT VARIABLES AND THE INTER-DEPENDANT VARIABLES ARE CO-DEPENDABLE VARIABLES THAT CLOSELY RELATE TO THE TOPICS AND THE CONCEPT. THE RELATIONSHIP CONNECTIONS ARE RESPONSIBLE FOR ADMINISTRATING THE SETS OF DVs AND IDVs IN SEQUENTIAL ORDER." The DEPENDANT VARIABLE (DV) is a variable that describes the feeling or action. The INTER-DEPENDANT VARIABLE (IDV) is a variable that describes the qualified issues of a message. To create an appropriate concept, FIRST, decide the target and subject matter for the design. SECOND, generate the IDV and DV then correlate and learn a variety of IDV and DV relationships. THIRD, based on the second step, determine possible concept direction. FOURTH, define the purpose of design, design effect, and concept. FIFTH, finalize a concept and design direction.

International Symposiodesign Amman 2006

Applied Science Private University, Amman, Jordan

April 30-May 5, 2006

Keynote Speaker

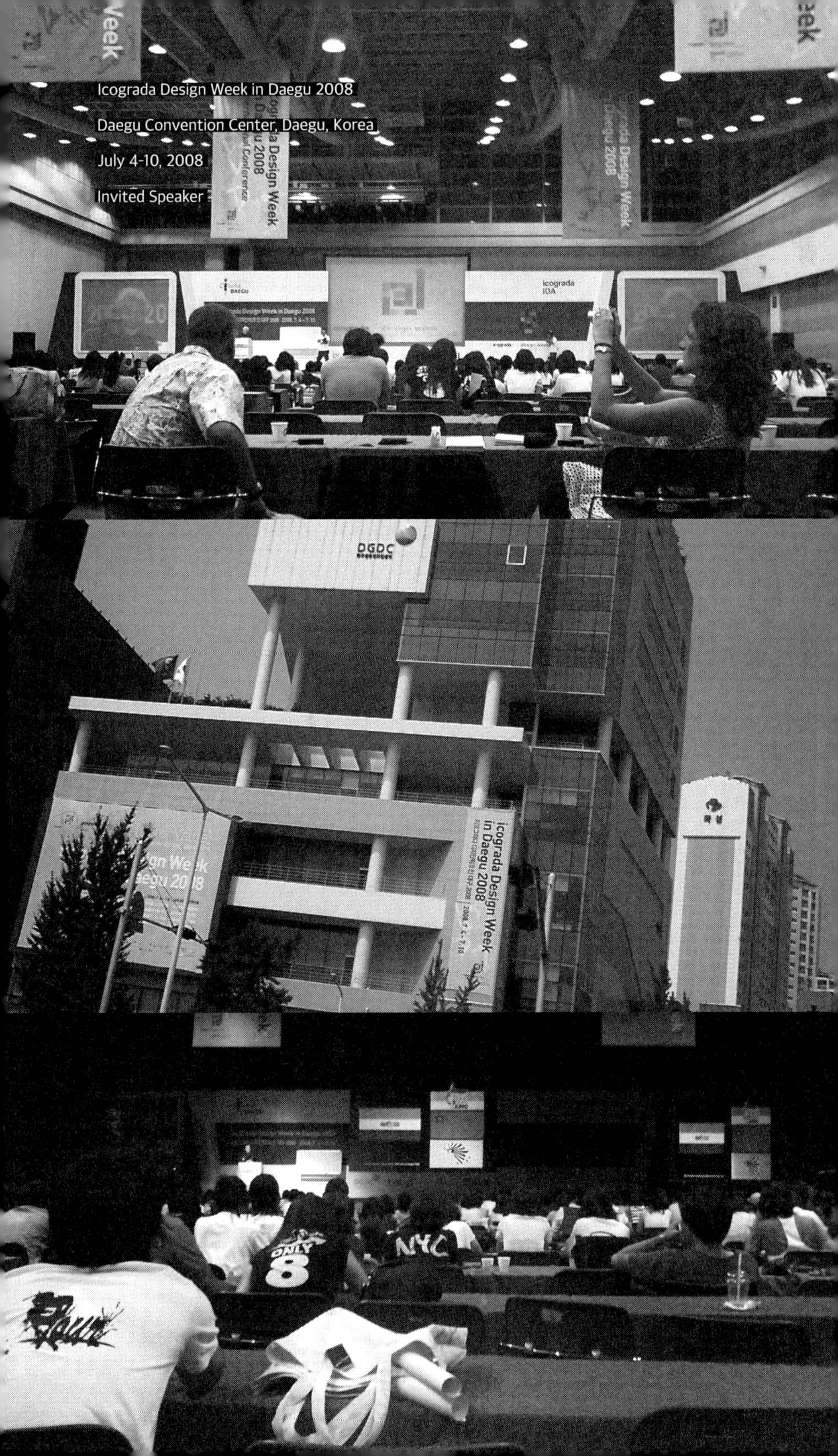

Icograda Design Week in Daegu 2008

Daegu Convention Center, Daegu, Korea

July 4-10, 2008

Invited Speaker

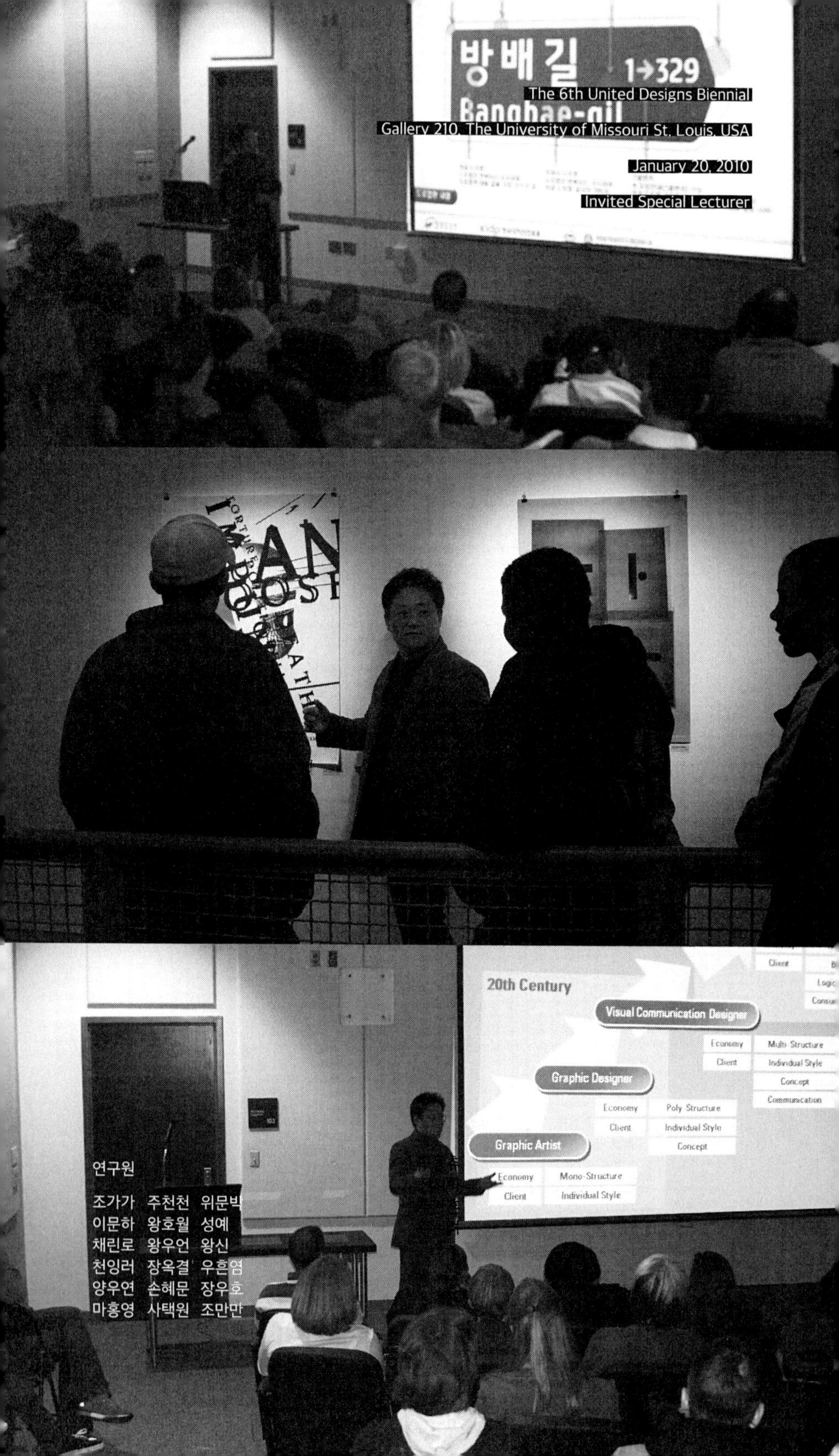

The 6th United Designs Biennial

Gallery 210, The University of Missouri St. Louis, USA

January 20, 2010

Invited Special Lecturer

연구원

조가가 주천천 위문박
이문하 왕호월 성예
채린로 왕우언 왕신
천잉러 장옥결 우흔염
양우연 손혜문 장우호
마홍영 사택원 조만만